Evelyn Friedlander

Ich will nach Hause, aber ich war noch nie da

HERDER / SPEKTRUM

Band 4410

Das Buch

Ein Leben in Schatten und Licht: Sie war ein sensibles Wunderkind, das mit 11 Jahren in der Londoner Royal Festival konzertierte, und sie wurde zur Powerfrau. Sie trägt die Wunden der Erinnerung und will mit aller Kraft ein „normales" Leben, vor allem aber ein eigenes Leben führen. Ihr deutsches und ihr jüdisches Erbe lebt sie voll Mut, und immer wieder auf der Suche danach, Judesein und deutsches Erbe zu versöhnen. Geboren wurde sie während eines Luftangriffs in London. Die Eltern waren aus Nazideutschland vertrieben worden.
In den 60er Jahren war sie vor ihrer Mutter und der Musik nach Amerika geflohen. Die politischen Entwicklungen hat sie sensibel verfolgt: in Amerika, in England, vor allem aber auch in Deutschland, jenem Land, das sie von 1950 an immer wieder besuchte. Sie ist großen und interessanten Leuten begegnet, aber auch den einfachen Menschen. Begegnungen werden für sie zur Bestätigung und zur Herausforderung, „ihren" Weg zu gehen. Als eine Frau, die Menschen und Interessen zusammenbringen kann, die nach dem eigenen Leben sucht: als Jüdin, als Frau. Sie hatte ungewöhnliche Hoffnungen, mußte manche Träume aufgeben und hat schließlich ihre Lebensaufgabe gefunden. Auf der Suche nach der jüdischen Geschichte in deutschen Landsynagogen begegnet sie der großen Herausforderung ihres Lebens und einem Deutschland, das ihr auf vielfältig facettierte und überraschende Weise entgegentritt. Davon vor allem erzählt sie. Ein Buch über neue Freunde, alte Feinde, neue Wunden. Ein Buch darüber, wie Juden und Deutsche sich heute neu begegnen können. Und die Geschichte einer starken Frau: sprühend von Geist und Humor, menschlich und sensibel, scharfsichtig – und deutlich.

Die Autorin

Evelyn Friedlander, geb. 1940 in London, studierte Musik und unterrichtete Klavier. Rundfunkmitarbeit bei BBC und NDR; 1988 gründete sie die „Hidden Legacy Foundation", der sie vorsteht. Organisation der Ausstellung „Genisah", die in England, Österreich, Tschechien und Deutschland gezeigt wurde. Mitarbeit in der Arbeitsgemeinschaft Juden und Christen beim Evangelischen Kirchentag. Vorlesungen und Vorträge in USA, Schweiz, Deutschland. Lebt in London.

Evelyn Friedlander

Ich will nach Hause, aber ich war noch nie da

Eine jüdische Frau sucht ihr verborgenes Erbe

Herder

Freiburg · Basel · Wien

Gedruckt auf umweltfreundlichem,
chlorfrei gebleichtem Papier

Originalausgabe

Herstellung: Freiburger Graphische Betriebe 1996
Umschlaggestaltung: Joseph Pölzelbauer
Umschlagmotiv: Alexej von Jawlensky
Variation mit schwarzer Figur

ISBN: 3-451-04410-2

Inhalt

Prolog

Als die Stadt Sodom vor ihrer Zerstörung stand, kam Abraham zu Gott und sprach: „Wirst du wirklich die Gerechten mit den Böden zerstören? Vielleicht gibt es wirklich 50 Gerechte in der Stadt – wirst du dann die Stadt zerstören?"

Und Gott sagte „Nein!"

„Und wenn es nur 40 Gerechte wären?"

„Nein."

„Und 30?"

„Und 20?"

„Und 10?"

Gott sagte: „Falls es zehn Gerechte in der Stadt gibt, werde ich sie nicht zerstören."

Aber es gab keine zehn Gerechten, und die Zerstörung kam.

1950, als kleines Kind, besuchte ich mit meinen Eltern Deutschland. Ich sah ein zerstörtes Land und lauter ausgehungerte Menschengesichter mit trüben Augen. Ich fürchtete mich. Und ich schrie meine Eltern an: „Hier sind ja nur Mörder!"

1
Woher ich komme

Deutschland war wie das gelobte Land für mich, Deutschland war gut für mich. 1955, als ich 15 war, kam ich nach Essen, um in der „Brücke", dem britischen Kulturzentrum, ein Klavierkonzert zu geben. Ich wurde behandelt wie eine Märchenprinzessin, ich gab Pressekonferenzen, mein Photo erschien in allen Zeitungen, und alle waren unglaublich freundlich. Die Kritiker waren voll des Lobes, nur einer war ehrlich. Er schrieb, ausverkauft sei das Konzert ja gewesen, man hätte sich nur einen besseren Pianisten gewünscht. Das war damals so, das ist heute so: Kaum ein Deutscher wagt es, offen ein kritisches Wort über Juden zu sagen. Deutschland war toll. Alle Honoratioren luden mich ein, es gab jede Menge Empfänge. Und dann habe ich mich auch noch unsterblich in einen Deutschen verliebt.

Auf die Welt kam ich 1940 in London, während eines Luftangriffs. Vielleicht ist das ja symbolisch.

Mein Vater, Walter Philipp, 1906 als ältestes von vier Geschwistern geboren, stammte aus Recklinghausen. Seine Familie war seit Generationen in Westfalen ansässig gewesen, mindestens seit dem Ende des 18. Jahrhunderts. Von dieser weitverzweigten Familie bin ich als einzige übriggeblieben. Mein Vater hatte in Recklinghausen eine Autowerkstatt. Daneben verkaufte er Heizöl und sonstige Ölprodukte.

Meine Mutter wurde 1913 in Essen geboren, als viertes

von fünf Kindern, aber ihre Eltern waren erst wenige Jahre zuvor aus Budapest gekommen, um den Pogromen in Ungarn zu entgehen. Im Ersten Weltkrieg hatte mein Großvater in der kaiserlichen deutschen Armee gekämpft. Als er 1918 aus dem Krieg zurückkehrte, wollte seine Tochter nichts von ihm wissen, da er zu alldem auch noch einen Schnurrbart trug. Sie beschwerte sich bei ihrer Mutter darüber, daß ein fremder Mann im Bett liege.

Meine Mutter wollte eigentlich Schauspielerin werden, sie ist deswegen sogar von zu Hause ausgerissen. Ihr Vater stöberte sie auf und holte sie zurück. Sie hatte alles in allem ein frustrierendes Leben. Sie war eine Stadtschönheit, eine hübsche Blondine, sehr beliebt, sehr gefragt. Plötzlich war alles aus, und man mußte fliehen.

Meine Eltern haben sich in einem Automaten-Restaurant kennengelernt. Das muß etwa 1936 oder 1937 gewesen sein, als Juden nicht mehr in normale Restaurants oder Cafés mit Bedienung gehen durften. Arier konnten ja schließlich keine Juden bedienen. Automaten-Restaurants (oder soll man sagen: Imbiß-Hallen) waren so ungefähr die einzigen öffentlichen Etablissements, in die sich Juden noch wagen durften.

Bei meinen Eltern war es Liebe auf den ersten Blick. Meine Mutter erspähte meinen Vater am anderen Ende jener vollbesetzten Imbißhalle und wußte: Das ist er, den will ich heiraten. Sie war alles andere als ein Mauerblümchen und viele Männer hatten ihr schon Heiratsanträge gemacht, aber dieser war der Richtige. Sie war ja auch mittlerweile 23, es wurde Zeit …

Doch sie mußte die erste Fluchtgelegenheit beim Schopf ergreifen und gelangte so zunächst allein nach England, wo sie anfangs als Haushaltshilfe arbeitete. Nur zwei Kategorien von Frauen wurden noch nach England hereingelassen: Haushaltshilfen und Krankenschwestern. Obgleich meine Mutter kein Wort Englisch sprach, schaffte sie es, für meinen Vater, der ja eine Autowerkstatt gehabt hatte, ein Einreisevisum als Automechaniker zu besorgen – damals für Männer die einzige Einreisemöglichkeit.

Mein Vater verließ Deutschland 1939, als er 33 war. Und obwohl das doch gar kein Alter ist, sollte er nie mehr darüber hinwegkommen, daß er gehen mußte. Er konnte sich nie wieder richtig aufrappeln. Zum Schluß hat er im Import-Export-Geschäft gearbeitet und Bleistifte aus Bayern, Handschuhe aus Italien und chemischen Dünger von wer weiß woher nach England importiert. Großen Spaß hat ihm das nie gemacht, und so hat er nie viel davon erzählt. Das mit den Bleistiften war gut, denn wir haben jede Menge „Probeexemplare" bekommen. Und dann die Handschuh-Muster, wunderschöne Luxus-Handschuhe. Da hatten die Fabrikanten allerdings immer einen Finger abgeschnitten, damit sie keinen Zoll zu zahlen brauchten. Wir konnten sie also leider nicht tragen. Und an den Dünger-Proben waren wir weniger interessiert.

Irgendwann gründete meine Mutter auf eigene Faust ein Modeschmuck-Unternehmen. Das wurde ziemlich erfolgreich, und später ist auch mein Vater eingestiegen.

Als meine Mutter im Frühjahr 1939 nach England kam, fand sie eine Stelle in Kenton, einem Vorort von London. Es gibt ein Buch von Lore Segal mit dem Titel „Other People's Houses" („Anderer Leute Häuser"), da ist genau die Geschichte geschildert, die auch meine Mutter erlebt hat. Sie konnte es kaum fassen, daß jemand anderes sozusagen ihre eigene Story aufgeschrieben hatte. Jedenfalls war das Leben in England zu Anfang nicht einfach: Der Lohn war miserabel, sie wurde ausgenutzt. Die Lady merkte, daß meine Mutter nicht zum

Dienen geboren war, und so wurde für die schmutzigen Arbeiten noch eine andere Frau angeheuert, die dann die Treppe und die Fußböden schrubben mußte. Aber meiner Mutter wurde das vom Lohn abgezogen. Beim Essen kam sie immer als letzte an die Schüsseln, wenn die schon leer waren. Ihr war die Situation so peinlich, daß sie nie gesagt hat, wie hungrig sie war. Der Hausherr gab ihr dann Englisch-Stunden – und ließ sich dafür bezahlen. Von ihrem Lohn blieb also nicht viel übrig.

Meinem Vater hatte sie zunächst einen Job als Automechaniker in einer Werkstatt in der Kenton Road besorgt (die Werkstatt gibt es übrigens noch). Als die beiden heirateten, war das die erste Flüchtlings-Hochzeit in Kenton, und sie fand in der orthodoxen Synagoge statt. Die Gemeinde hatte ein paar Trauzeugen besorgt, die meine Mutter später nie mehr wiedergesehen hat. Aber die Hochzeit war sehr schön; die Gemeinde hatte sich alle Mühe gegeben.

Mein Mann Albert war später in Kenton eine Zeitlang Rabbiner, aber nicht in der orthodoxen, sondern in der liberalen Synagoge. Zu irgendeiner Veranstaltung waren Albert und sein orthodoxer Kollege einmal zusammen eingeladen, und der Orthodoxe verließ in dem Moment den Saal, als Albert eintrat. Und wer war der Mann? Ausgerechnet jener Rabbiner, der meine Eltern getraut hatte.

Damals, 1940, als ich geboren wurde, wurden viele Kinder aufs Land evakuiert. Meine Eltern lebten inzwischen im Londoner Stadtteil Nord-Kensington, in der Bassett Road, und nicht weit davon war ein riesiger Gaskessel. Den versuchten die deutschen Flieger immer zu treffen, und immer schlugen die Bomben in unserer Straße ein. Wir sind dreimal ausgebombt worden, immer in derselben Straße. Das waren große, viktorianische Häuser, die vom Wohnungsamt zwangsbelegt worden waren. Einmal sind wir dem Tod nur knapp entronnen. In einem Garten in unserer Straße war ein Luftschutzbunker. Ich war noch ganz klein, meine Mutter hatte mich auf dem Arm und wollte mit mir gerade in den Bunker, als uns jemand von innen mit einem gewaltigen Schlag hinausboxte. Offenbar hatte er das Heulen der Bombe gehört oder vielleicht sogar gesehen, wie sie auf den Bunker zuflog. Meine Mutter fiel gegen die Gartenmauer. Im Garten hingen seltsamerweise lauter Felle auf der Wäscheleine. Die Bombe schlug genau in den Bunker ein, und alle, die darin gewesen waren, waren sofort tot.

Es gab noch zwei andere Luftschutzbunker in unserer Straße, und dahin sind wir dann später immer gegangen. Ich war berüchtigt dafür, daß ich furchtbar viel geschrien habe. Der Bombenlärm hat mich aber noch übertönt. Sowie die Sirenen ertönten, stand ich aufrecht in meinem Kinderbett und begann zu brüllen und zu schreien. Später bin ich Pianistin geworden, aber die Leute haben immer gesagt, ich hätte Sängerin werden sollen, weil ich schon als Baby so kräftige Lungen hatte. Einmal hatte ich meinen Teddybär Pimmy in der Wohnung vergessen, und mein Vater mußte durch den Bombenhagel zurück und ihn holen, weil ich so fürchterlich brüllte. Lärm, Sirenengeheul, Chaos und nur von Flakscheinwerfern durchbrochene Dunkelheit, das sind meine frühesten Erinnerungen.

Als wir zum dritten Mal ausgebombt worden waren, sind wir zu meiner Tante Ilona nach Oxford gezogen. Die hatte dort ein Zimmer, und da wohnten wir dann zu viert, meine Tante, meine Eltern und ich, zusammen in einem Zimmer, ein ganzes Jahr. Es gab nur Gaslicht, keinen Strom, und es war immer etwas trübe und düster. Waschmöglichkeiten und Toilette gab es nur auf halber

Treppe. Erstaunlich, was man alles mitmacht, wenn man muß. Meine Eltern waren einfach froh, daß sie ein Dach über dem Kopf hatten.

Schließlich kam V-Day, Kriegsende. Die Laternen gingen wieder an. Nach dieser langen Zeit der Verdunkelung war die ganze Stadt illuminiert. Auf dem Fluß an der Magdalen-Brücke waren Studenten in ihren Booten, die hatten einen Schlauch und spritzten alle Passanten naß. In der High Street war ein Riesen-Feuer. Und da meine Schreiereien sozusagen die Kommas in meinem Leben sind, habe ich auch hier natürlich wieder geschrien. Die Studenten verbrannten da eine Puppe von Adolf Hitler. „Was machen die denn mit dem armen Kerl?" brüllte ich. Meine Mutter muß viel Zeit damit verbracht haben, mich ruhigzustellen.

Über den Krieg und die Nazis haben meine Eltern nie mit mir gesprochen. Ich glaube, das haben sie ganz bewußt nicht getan, und darin waren sie ganz typisch. Das war ein Tabu, darüber wurde eben nicht geredet. Ich war das einzige Kind, und die Familien meiner Eltern sind zum größten Teil umgebracht worden. Ohne Großeltern, Onkel und Tanten war ich gleichsam ein Kind ohne Vergangenheit. Mein Vater war einfach unfähig, über die Ermordung seiner Eltern und Brüder und Verwandten zu reden. Bis zu seinem Tod hat er das nicht fertiggebracht, niemals. Es war einfach zu schmerzhaft, es hat ihn kaputtgemacht, ein Teil seiner Seele ist daran gestorben. Und meine Mutter hat nicht darüber geredet, weil sie dachte: Andere haben viel mehr gelitten als ich, da habe ich nicht das Recht zu klagen.

Meine Eltern stießen in England allerdings auch auf eine Mauer des Schweigens. Engländer sind Stoiker, es ist ganz unenglisch, Gefühle zu zeigen. Engländer haben eine furchtbare Angst vor Emotionen, und sie wollten damals all diese Geschichten von der Judenvernichtung nicht hören. Auch die englischen Juden wollten davon nichts wissen, nie. Und so hat man im Lauf der Jahre gelernt, das alles für sich zu behalten. Ich selber habe auch nicht danach gefragt – was hätte ich fragen sollen? Ich wußte ja nichts. Ich wußte zwar irgendwoher, daß die Nazis meine Großeltern umgebracht hatten, aber ich hatte immer Hemmungen, Fragen zu stellen. Ich habe gefühlt, daß meine Eltern nicht darüber reden wollten. Das einzige, was meine Mutter manchmal sagte, wenn ich meinen Teller nicht leer essen wollte, war: „Die Kinder im KZ hatten nichts zu essen, und du willst nicht, du solltest dich schämen."

Mit meinem Vater habe ich ohnehin nie ein richtiges Gespräch geführt, alles lief über meine Mutter. Ich habe ihn geliebt, und er mich wohl auch, aber meine Mutter liebte er eben mehr. Er hat nie etwas mit mir unternommen, ist nie mit mir wandern gegangen oder so etwas. Ich habe mich furchtbar einsam gefühlt.

Diese abgrundtiefe Einsamkeit blieb ein Bestandteil meines Lebens. Ich war überzeugt, daß ich bei den Eltern kein Verständnis finden würde. In meiner Selbstentwicklung bin ich immer gegen den eisernen Willen meiner Mutter geprallt. Aber ziemlich unbewußt hatte sich in mir auch eine große Wut gegen meinen Vater entwickelt, und diese Wut hat sich nie ganz aufgelöst. Er stand mir einfach nie zur Seite. Wenn es zu einer Konfrontation mit meiner Mutter kam, gab er ihr immer sofort recht! Heute weiß ich natürlich, daß die Auswanderung ihn einfach zerbrochen hatte. Männer verkraften es immer viel schwerer, wenn sie plötzlich ihren Status verlieren, ihre berufliche und gesellschaftliche Stellung. Viele haben es nicht geschafft, in der Emigration wieder auf die Beine zu kommen. Frauen werden mit Katastrophen besser fertig, sie reißen sich schneller zusammen und fangen leichter nochmals von vorne an.

In Deutschland war mein Vater anerkannt, beliebt, die Seele vieler Versammlungen. Auch in London, wenn sich die ‚Emigranten' irgendwo trafen, lebten alle auf, sowie Walter ins Zimmer kam: „Jetzt wird es lustig; jetzt kommt Walter mit seinen Witzen!" Doch das war nur Fassade. Zu Hause war Walter meiner Mutter immer untertan, und das tat mir so weh!

Nur einmal in meinem Leben kam er mir zur Hilfe, in unvergeßlicher Weise. Meine Mutter war nicht zu Hause, und plötzlich wurde ich von meiner ersten Regel überrascht. Mein Vater war so gut, so verständnisvoll, so lieb und hilfreich, daß ich es ihm nie vergessen habe. Und: es war immer mein Vater, der meine aufgeschlagenen Knie verarztete und mir die Fußnägel schnitt. Ich hätte ihn aber auch in meiner „Sturm-und-Drang-Zeit" gebraucht, doch da war er für mich nicht da.

Mein Vater wurde alt und müde, ehe er eigentlich alt war. Er hatte einfach nicht die Kraft oder den Willen weiterzuleben. Mit 67 Jahren kam er mit einer leichten Bronchitis ins Krankenhaus, und man behielt ihn zur Sicherheit über Nacht dort. Albert und ich besuchten ihn, als er sich plötzlich im Bett aufrichtete und laut sagte: „Hört nur: es klopft am Fenster!" „Das ist nur der Ast eines Baumes, der vom heftigen Wind bewegt wird und ans Fenster schlägt", sagte ich, um ihn zu beruhigen, und ging zum Fenster. Kein Baum stand in der Nähe, kein Wind rührte sich. Mein Vater, der überhaupt keine Phantasie hatte und alles Übersinnliche verachtete, hatte den Todesengel gehört. In derselben Nacht ist er unerwartet gestorben. Er war tot, ehe ich mit ihm je ein richtiges Gespräch hatte führen können: über mich selbst, über die Vergangenheit, über die Zukunft.

Es ist eine Ironie, daß deutsche Eltern mit ihren Kindern nicht über die Nazizeit reden wollten, weil sie ein schlechtes Gewissen hatten, und daß auf der anderen Seite jüdische Eltern mit ihren Kindern auch nicht darüber reden wollten. Die Eltern der Deutschen hatten etwas zu verbergen. Aber meine Eltern hatten auch etwas zu verbergen. Da ist etwas, das Deutsche und Juden zusammenschraubt, wenn auch von entgegengesetzten Seiten. Daß der Mörder nicht über seine Taten reden will, ist klar. Daß das Opfer nicht über seine Leiden reden will, ist aber auch verständlich. Das ist so wie bei vergewaltigten Frauen. Auch die reden nicht gerade gern darüber.

Vor ein paar Jahren gab es in London zum ersten Mal ein Treffen derjenigen, die als Kinder mit den sogenannten Kindertransporten nach England gekommen waren. Das hat die Schleusen geöffnet, zum erstenmal waren Flucht und Leiden ein respektierliches Thema. Es ist schwer zu glauben, aber bis dahin gab es kein Forum und keine Therapiegruppe, wo Überlebende miteinander und über sich selbst hatten sprechen können. In Holland gab es das, in England nicht. Und auch in Holland ging es zunächst „nur" um Leute, die das KZ überlebt hatten, aber niemand dachte daran, daß auch Leute wie meine Eltern, die rechtzeitig fliehen konnten, gelitten haben. Wer verkraftet das schon so leicht, wenn man – wie mein Vater – irgendwann nach 1945 eines Morgens die offizielle schriftliche Mitteilung erhält, daß neunzehn der engeren Familienangehörigen umgekommen sind? Natürlich hatte mein Vater das geahnt. Aber es ist etwas anderes, die Nachricht plötzlich schwarz auf weiß vor sich zu haben. Wie kann man damit fertig werden? Anderen Juden in England ist es ähnlich ergangen. Aber sich zusammengesetzt und ihre Trauer geteilt, das haben sie nicht. Das tat man einfach nicht. Man hatte englische Attitüden übernommen.

Erst in den 50er Jahren erschienen in England Bücher über den Holocaust; das erste Buch von Primo Levi habe ich danach gebannt gelesen, es war das erste Mal, daß ich mit dem Thema konfrontiert wurde. Aber öffentlich wurde das nicht groß diskutiert.

Klavierspielen lernte ich schon im Kindergartenalter. Im Kindergarten gab es ein Klavier, und ich habe fast nur noch am Klavier gesessen. Ich fand es auch schwer, mit anderen Kindern Freundschaft zu schließen. Ich glaube, ich hatte bis dahin überhaupt noch keine Kinder in meinem Alter kennengelernt. Ich hatte ja auch keine Gelegenheit dazu gehabt. Geschwister hatte ich nicht. Die Bekannten meiner Eltern warteten mit dem Kinderkriegen bis nach dem Krieg. Und die anderen Kinder in unserem Viertel waren alle evakuiert. Ich war eine Einzelgängerin, und am Klavier ist man das sowieso. Die Kindergärtnerin meinte, ich hätte wohl Talent, und sie empfahl Klavierstunden. Alle prophezeiten mir eine große Karriere als Pianistin. Für meine Mutter, die selber alles verloren hatte, war das die große Hoffnung ihres Lebens. England im Krieg und England nach dem Krieg, das war ziemlich düster und armselig, heruntergekommen und grau. Meine Klavier-Karriere schien ihr ein Paß in eine lichtere Welt zu sein. So haben wir alle möglichen bekannten Musiker getroffen, alle waren sehr interessiert. Ich hatte hochberühmte Lehrer, und als ich elf war, also 1951, bin ich in der Londoner Royal Festival Hall aufgetreten: die jüngste Pianistin, die dort jemals gespielt hatte. Einmal hatte ich die Wahl, entweder zu Eileen Joyce zum Tee zu gehen oder zu Myra Hess, und weil Eileen Joyce so glamourös war, ein so großer Star, bin ich Kamel zu ihr gegangen. Sie hat mir immer Konzert-Billetts geschenkt, wir durften in ihrer Loge sitzen, und das war für mich und meine Mutter natürlich etwas ganz Tolles. Myra Hess allerdings war die größere Pianistin.

Meine ersten Stunden hatte ich bei einer Lehrerin, Mrs. Gimson, die sich als furchtbar antisemitisch entpuppte. Sie kam aus einer aristokratischen Familie, war unitarische Christin und noch nie einem Juden begegnet. Wir waren die ersten. Zu mir war sie nett, ich war ja auch erst fünf und dazu musikalisch. Aber sie ignorierte meine Mutter das erste Jahr über völlig. Mit ihr sprach sie kein Wort, allerhöchstens „Guten Tag", ansonsten ging die Kommunikation nur über mich.

Mancher wird sich vielleicht wundern, wie eine gebildete Frau so antisemitisch sein konnte, wo doch inzwischen die Wahrheit über die deutschen KZs ans Licht gekommen war. Doch ich bin noch in den 70er Jahren Leuten begegnet, die ganz perplex waren, daß Albert und ich nicht mit Hörnern und Teufelsschwänzen hereinmarschierten. Sie konnten es kaum fassen, daß wir ziemlich normale Menschen waren. Sie waren einfach noch nie einem Juden begegnet.

Meine Mutter holte mich gewöhnlich von der Schule ab und brachte mich zur Klavierstunde. Sie kam immer mit einem nassen Waschlappen bewaffnet und wusch mir vorher Hände und Gesicht, denn sie war wie besessen in ihrer Entschlossenheit, daß niemand uns „drekkige Juden" nennen sollte. Mrs. Gimsons „aristokratische" Schüler erschienen allerdings immer durchaus schmutzig und gar nicht so gepflegt. „Ja, aber die können sich das leisten", pflegte meine Mutter zu sagen.

Mrs. Gimsons Abneigung gegen meine Mutter hat sich später in tiefste Verehrung verwandelt, die beiden sind sich sehr nahegekommen. Als meine Eltern ein eigenes Haus kaufen wollten, hat sie sogar angeboten, ihnen das Geld zu leihen. Und für mich hat sie ohnehin alles getan.

Als ich elf war, wechselte ich zur Guildhall-Musikakademie, und dann brach irgendwie alles auseinander.

Meine Lehrerin dort war nicht besonders gut; ich kam dann zwar zu dem berühmten Harold Craxton, aber da war er schon alt, und wir beide waren für einander nicht geschaffen. Es reichte auch nicht mehr, mich auf mein natürliches Talent zu verlassen, ich hätte härter arbeiten müssen und eiserne Disziplin an den Tag legen sollen. Da ich das nicht tat, hätte ich ehrlicherweise aufhören sollen. Aber ich hatte so etwas wie Schuldgefühle meinen Eltern gegenüber: Sie hatten mir trotz ihrer Armut das alles ermöglicht, die Lehrer bezahlt, mir Konzertkleider gekauft, sie erwarteten so viel von mir, und das lastete wie ein Bleigewicht auf meinen Schultern. Ich ging also für drei Jahre ans Royal College of Music und tat weiter so „als ob."

Erst meine Heirat hat mich aus dieser fürchterlichen Falle befreit. Albert lebte damals in Amerika, und ich dachte: Ihn heiraten, das ist mein Ticket zur Freiheit. Die College-Zeit neigte sich dem Ende zu, und ich hatte mit Schrecken daran gedacht, was nun als nächstes auf mich zukommen würde. Sollte ich Klavierlehrerin werden? Keine sehr attraktive Aussicht, wenn man eigentlich Konzert-Pianistin hätte werden sollen. Ich habe einfach nicht diese ewige Geduld. Und Lehrerin zu werden, das war das einzige, was mir in den Sinn kam. Dabei hätte ich ja zum Beispiel auch Konzert-Agentin werden können, mit all den Kontakten, die ich inzwischen hatte. Aber darauf kam ich damals nicht.

Als Kind, war ich immer gerne auf der Straße. Die Bassett Road war von Platanen gesäumt, alle schön symmetrisch gepflanzt, und das war ideal, um „Rounders" zu spielen, eine vereinfachte Form von Baseball. Die Straße war unser Spielplatz, Autos gab es ja kaum. Jedes Jahr hatten wir das große Rounders-Match, Juden gegen Christen, und jedes Jahr wurden die Juden natürlich vernichtend geschlagen. Auch Cricket haben wir gespielt. Das Geräusch von zersplitternden Scheiben, wenn die Crikketbälle in die Fenster flogen, habe ich heute noch im Ohr.

In unserer Straße wohnten Menschen aus aller Herren Länder, Polen und Russen, Holländer und Deutsche und Österreicher, genauer Wiener. Alle kannten sich, manche hingen immer aus dem Fenster und schimpften auf uns Kinder oder unterhielten sich quer über die Straße mit den Nachbarn. Typen und Originale aller Art gab's da. Einer hieß mit Nachnamen Wohlgeruch, aber uns war damals nicht klar, wie komisch der Name ist, sonst hätten wir ihn bestimmt verspottet. Es gab auch ein paar ganz geheimnisvolle Häuser. Bei einem sahen wir niemals einen Menschen hineingehen oder herauskommen. Ein anderes, Nummer 15, gehörte der Russischen Botschaft, das war natürlich besonders angsteinflößend. Einmal habe ich mich hineingetraut, und das hat meinen Status unter den anderen Kindern enorm erhöht, vor allem, weil ich auch lebendig wieder herauskam.

In der Nähe war eine jüdische Schule, eine ziemlich gute Schule. Die hatte zwar auch ein paar nicht-jüdische Schüler aufgenommen, weil sie sonst vom Stadtrat nicht unterstützt worden wäre, aber die meisten Schüler waren Juden. Da bin ich dann auch hingegangen. Meine Eltern hätten mich eigentlich am liebsten in die katholische Klosterschule geschickt, weil die den besten Ruf hatte, aber da hatte man mich nicht genommen; warum, weiß ich nicht.

Ich habe als Schulkind meinen Eltern viel Sorgen gemacht, weil ich nach sechs Monaten oder einem Jahr immer noch nicht lesen konnte. Meine Mutter ging deswegen zur Lehrerin, und die sagte, ich sei eben etwas dumm. Da schrie denn zur Abwechslung mal meine

Mutter. Immerhin spielte ich schon ganz gut Klavier, und ich konnte eher Noten lesen als Buchstaben. Schuld war also die Lehrerin. Ich bekam Nachhilfe, und innerhalb von sechs Wochen konnte ich perfekt lesen. Danach habe ich zwei Klassen übersprungen, wurde die beste Schülerin von allen und habe alle Spitzenpreise für gute Leistungen gewonnen. Meine spätere Klassenlehrerin war wunderbar, sie hat mich geradezu angebetet, ich war ihr Liebling. Sie schrieb Theaterstücke für uns, und gab mir immer die Hauptrolle. Wir führten auch die „Zwölfte Nacht" auf. Das war schon was: In der Oberstufe Zehnjährige, die Shakespeare aufführen! Einige unserer Produktionen wurden sogar im Radio übertragen.

Mit meinen Klassenkameraden kam ich aber immer noch nicht recht klar. Mit Gleichaltrigen umzugehen, habe ich erst nach meiner Schulzeit gelernt. Ich war ein frühreifes Kind, oder zumindest eines, das sich besser als andere Kinder in der Erwachsenenwelt bewegen konnte.

1950, als ich zehn Jahre alt war, sind wir zum ersten Mal nach Essen gefahren, und ich habe eine fürchterliche Szene gemacht, als ich Deutsche sah. Meine Tante Erna, die Schwester meiner Mutter, war die ganze Nazizeit hindurch in Deutschland geblieben, sie hatte einen Katholiken geheiratet. Sie hatte ein Kind und war sicherheitshalber zum Katholizismus konvertiert. Geholfen hat ihr aber vor allem ihre ungarische Staatsangehörigkeit. Bis 1944 wurden ungarische Juden aus Deutschland nämlich nicht deportiert. Sie selber bekam allerdings schon lange keine Lebensmittelkarte mehr. Sie mußte sich mit ihrem Mann dessen Lebensmittel-Rationen teilen, und er hat auch meine Großeltern versorgt.

Mein Großvater, der aus dem Ersten Weltkrieg als Invalide mit einem Eisernen Kreuz nach Hause gekommen war, starb 1943, eine Spätfolge seiner Kriegsverletzungen. Dank ihres ungarischen Passes blieb auch meine Großmutter von den schlimmsten Verfolgungen zunächst verschont, bis 1944. Dann wurde sie mit dem Güterzug nach Osten verfrachtet und ist seitdem verschollen. Das heißt, es gibt keinen Totenschein. Meine Tante tauchte mit ihrem Kind unter. Die Familie ihres Mannes hatte sie an die Gestapo verraten, und prompt stand ein Herr im Ledermantel an der Tür mit dem Auftrag, sie abzuholen. Aber der war selber angeekelt davon, daß jemand von den eigenen Verwandten verraten wurde, und so sagte er: „Ich habe Sie nicht gesehen, Sie haben fünf Minuten, um sich aus dem Staub zu machen." Und so zog sie von einem katholischen Kloster zum anderen, wo man ihr Unterschlupf gewährte.

Eine ähnliche Geschichte hat meine Mutter erlebt, das war vor 1939. SA-Leute hatten ihre Wohnung durchsucht, total die Einrichtung verwüstet und einige Sachen mitgehen lassen. Aber sie hatte den Nerv, aufs Gestapo-Hauptquartier zu gehen und mit zuckersüßer Stimme zu sagen: „Ich weiß, daß die Nationalsozialisten Verteidiger von Recht und Ordnung sind, ich glaube, da ist etwas außer Rand und Band geraten, Sie werden mir sicher zu meinem Recht verhelfen." Und alle gestohlenen Sachen wurden ihr tatsächlich zurückgegeben. Wahrscheinlich hat ihr geholfen, daß sie eine blonde Schönheit war. Des öfteren haben auch Nazis in Uniform versucht, mit ihr anzubandeln. Sie hat dann immer gesagt: „Wenn Sie wüßten, wer ich bin, würden Sie das nicht versuchen!"

Für meine erste Deutschland-Reise zu meiner Tante nach Essen im Jahre 1950 nahmen wir das Flugzeug nach Düsseldorf, und das war natürlich ganz toll; ich kannte damals niemanden, der schon einmal geflogen war. Die zerbombten Häuser in Essen kamen mir vor wie Puppenhäuser, denn viele hatten überhaupt keine Vorderwand mehr. Und trotzdem wimmelte es da von Menschen. Es schienen Puppenstuben – und doch war es wie in einem Alptraum.

Der größte Horror für mich aber kam in der Bahnhofsunterführung. Unzählige Menschen strömten da durch, alle abgerissen und unglaublich schäbig gekleidet, mit ausgemergelten, hungrigen Gesichtern. Trotzdem jagten mir die Gesichter Angst ein, wie Gesichter auf einem Gemälde von Edvard Munch. Und plötzlich fing ich an, wie am Spieß zu schreien: „Nazis, Mörder" und so weiter, bis mich meine Eltern davonschleiften. Dabei beachtete mich überhaupt niemand, alle gingen einfach weiter, höchstens vielleicht mit etwas schnelleren Schritten. Obwohl niemand mit mir jemals über die Nazi-Verbrechen gesprochen hatte, hatte sich also doch so einiges in meinem Unterbewußtsein angesammelt, aus Bemerkungen, die nicht für mich bestimmt waren und die ich als Kind auch nicht bewußt wahrgenommen hatte.

Vor wenigen Jahren war ich zum erstenmal in Buchenwald, und plötzlich „fiel mir ein", daß hier mein Onkel ermordet worden war. Wenn mich früher jemand nach ihm gefragt hätte, hätte ich gesagt: „Ich weiß nicht, wo er geblieben ist." So kann Verdrängtes wieder auftauchen.

Nach 1945 hat sich mein Vater geweigert, jemals wieder zur Synagoge zu gehen. Vielleicht war das etwas schlicht, aber er dachte: Wenn Gott diesen Massenmord zugelassen hat, dann gibt es keinen Gott. Meine Mutter dagegen hatte ein Bedürfnis nach Religion, und sie überredete meinen Vater dann doch dazu, sie wenigstens an den höchsten Feiertagen in die Synagoge zu begleiten. Am Yom Kippur ist ja ein Teil des Gottesdienstes speziell dem Erinnern gewidmet, und das war sehr wichtig für sie. Er dagegen erwartete sich von organisierter Religion keine Hilfe mehr.

Meine Mutter war auch in Deutschland schon regelmäßig zur Synagoge gegangen. In Essen, in der heute sogenannten „Alten Synagoge", wo meine Mutter konfirmiert wurde, gibt es jetzt eine ständige Ausstellung über die jüdische Gemeinde, und auf den Photos taucht immer wieder ihr Gesicht auf. Sie und ihre Schwester waren auch Mitglieder im Synagogen-Chor.

Ich selber habe das Gemeindeleben als Kind geliebt. Teilweise rührte das daher, daß ich auf einer jüdischen Schule war. Meine Eltern führten zu Hause ein völlig unjüdisches Leben, kein Feiertag wurde eingehalten, und es wurde auch nicht koscher gekocht. Zum Passah-Fest ging ich meistens zu unseren orthodoxen Nachbarn. Die hatten einen Sohn, der etwas älter war als ich. Vielleicht haben sie gehofft, daß wir später heiraten würden. Jedenfalls wünschten sie sich, daß auch ich in gut-orthodoxem Sinne erzogen würde. Und es hat mir viel Freude gemacht, bei ihnen an all den feierlichen Zeremonien teilzunehmen. Ich fand es ganz schlimm, daß es bei uns zu Hause nichts dergleichen gab. Ich nahm mir vor, später, wenn ich einmal eine eigene Familie haben würde, alle religiösen Kochvorschriften genau einzuhalten.

Doch dieses idyllische Verhältnis zum jüdischen Leben ging in die Brüche, als ich zwölf war und plötzlich in der Synagoge nicht mehr unten bei den Männern sitzen durfte. In der Synagoge findet doch alles, was Spaß macht, unten statt. Die Frauen oben auf der Empore schauen nur zu, und meistens passen sie gar nicht auf, sondern klatschen und tratschen. Sie sitzen da bloß als Verzierung, nehmen aber am eigentlichen Geschehen nicht teil. Und plötzlich wurde also auch ich nach oben verbannt. Deshalb habe ich schließlich die orthodoxe Gemeinde verlassen und bin zur Reform-Synagoge gegangen. Was blieb mir denn sonst übrig?

Doch auch das ist nicht der Weisheit letzter Schluß für mich geblieben. Heute gehe ich fast überhaupt nicht mehr zum Gottesdienst, weil ich selbst die bisherige liberale Liturgie nicht ertragen kann. Denn auch da sind Frauen ausgeschlossen. In der Gemeinde meines Mannes sollte die Liturgie vor einiger Zeit modernisiert werden, (die englische Fassung, die hebräische kann man natürlich schwer ändern). Es wäre eine große Gelegenheit gewesen, die männliche Exklusivität Gottes etwas aufzuweichen, oder wenigstens die sonstige Dominanz des Männlichen zu relativieren. Schon bei Wörtern wie etwa „Brüderlichkeit" fühlt man sich als Frau doch immer ausgeschlossen. Doch obwohl die Mitglieder der Gemeinde durchweg hochgebildete Leute sind, beschlossen sie einstimmig, Frauen ebenso wie Männer, die alten Wörter beizubehalten. Daraufhin beschloß ich, aus Protest nicht mehr hinzugehen. Nur scheint das leider niemand so recht bemerkt zu haben. Und, was schlimmer ist: Mir fehlt die Synagoge auch nicht sehr. Was mir allerdings fehlt, ist die Zeit der Ruhe, das Ruhig-Werden, die stille Kontemplation außerhalb der alltäglichen Hektik. Man erinnert sich, wer und was man ist: Es ist nicht nur eine Verbindung mit allen Juden auf der Welt, die die gleichen Gebete sprechen, sondern auch mit einer vieltausendjährigen gemeinsamen Geschichte. Das hat etwas Heilendes, und das ist ja eigentlich der Sinn des Sabbat. Diese Ruhezeit also fehlt mir, aber so, wie der Sabbat zelebriert wird, ist er mir leider fremd geworden. Aber ich weiß auch, daß ich, wenn wir einmal aus dieser Synagoge fort sein werden, wieder zu allem zurückkehren werde. Und ich freue mich schon darauf.

In der jüdischen Schule haben wir natürlich auch Hebräisch gelernt, jeden Tag eine halbe Stunde. Als ich elf war, wechselte ich auf eine anglikanische Schule. Zu Anfang hatte ich auch noch einen Privatlehrer für Hebräisch. Aber dann ödete es mich an: Dieser Lehrer wollte mir um jeden Preis die hebräische Kursivschrift beibringen, statt Texte mit uns zu lesen. Das war so, wie früher Latein gepaukt wurde: Man kann die Texte vielleicht herunterleiern, aber was sie wirklich bedeuten, das weiß man nicht. Und so habe ich es bald aufgegeben. Ich kann heute noch wunderschön und fließend Hebräisch lesen, aber ich habe kaum einen Schimmer, was ich da lese. Wenn ich die Bibel lese, so lese ich sie auf englisch.

Die 50er Jahre in London, das war die schlimmste Zeit meines Lebens. Ich war entsetzlich unglücklich. Weil ich so verkrampft war, fand ich keine Freunde. Wenn sich einmal jemand mit mir abgab, war ich so über-intensiv, daß man sich hastig wieder von mir abwandte. Außerhalb der Schule und neben meiner Musik hatte ich nichts und niemanden. Als wir dann 1958 aus der Innenstadt in einen Vorort zogen, wurde alles noch schlimmer. Da gab's nicht mal mehr das Straßenleben, ja, nicht einmal die Möglichkeit sich mit irgend jemanden zu unterhalten.

Mein Verhältnis zu London ist ambivalent geblieben. London hat sich gewaltig verändert, es ist viel weniger zivilisiert als es einmal war, aber es ist immer noch zivilisierter als andere Städte. In Israel fühle ich mich zum Beispiel überhaupt nicht wohl, viele Leute haben einfach keine Manieren, sind ungeschliffen und unhöflich. Ohne die kleinen englischen Höflichkeiten könnte ich nicht leben, denn auch wenn sie manchmal falsch und scheinheilig sind, machen sie doch das Alltagsleben so viel leichter.

1955, als ich mein Konzert in Essen gab, war ich dann wieder in Deutschland und die folgenden Jahre noch mehrmals. Daß mir Deutschland so gut gefiel, hing auch damit zusammen, daß die Nachbarn meiner Tante neun Kinder hatten. Sie beneideten mich, weil sie dachten, das

Leben eines Einzelkindes müsse wunderbar sein. Ich als Ausländerin, noch dazu als Jüdin, war für sie zudem eine exotische Figur. Einmal gab es in der Hauptgeschäftsstraße von Essen einen Menschenauflauf, und als ich fragte, was denn da los sei, wurde mir geantwortet: „Da ist ein Neger im Laden!" So ungewohnt waren Ausländer damals in Deutschland. Unter den neun Nachbarskindern waren mehrere Jungen, die waren älter als ich und hatten alle schon den Führerschein. Da war also immer genug Auswahl, wenn man einen Kavalier zum Ausgehen oder für kleine Spritztouren brauchte; da war auch immer jemand, in den man sich verlieben konnte.

Meistens waren es einfach Ferien-Romanzen. Aber dann habe ich mich zum erstenmal richtig „unsterblich" verliebt. Rainer hieß er. Er war ausgerechnet der Verlobte einer Nachbarstochter. Ich glaube, sie weiß immer noch nicht, warum ihre Verlobung damals plötzlich in die Brüche ging. Rainer war der bestaussehende Mann, den ich je getroffen hatte, und bis heute bin ich nie wieder einem so attraktiven Mann begegnet. Wir waren wie besessen voneinander, total ineinander verliebt. Zufälligerweise war der Hinterhof des Hauses meiner Tante wunderschön dunkel ...

Meine Eltern sind fast in Ohnmacht gefallen. Meine Mutter hatte schon immer heftig reagiert, wenn ich mit einem Nichtjuden auch nur locker befreundet war. Wenn ich Leute mit nach Hause brachte, hat sie sie regelmäßig weggeekelt. Sie hatte wahnsinnige Angst, daß ich vielleicht einen Nichtjuden heiraten könnte. Dabei hätte ich selbst das niemals gekonnt. Deshalb wußte ich auch von vorneherein, daß meine große Liebe zu Rainer zum Scheitern verurteilt war. Ich hatte natürlich auch Gewissensbisse, da er ja eigentlich verlobt war. Aber das Haupthindernis war für mich sein ‚Deutschtum'. Insofern hätte meine Mutter mir das ruhig selbst überlassen können. Ich beendete das Verhältnis jedenfalls schließlich selber. Aber es brach mir das Herz. Ich bin darüber furchtbar krank geworden. Monatelang war ich krank. Das Schlimmste war, daß ich mit niemandem über die Ursache reden konnte. Selbst als ich schon verheiratet war, hat mich meine Geschichte mit Rainer noch im Traum verfolgt.

Vor ein paar Jahren kam plötzlich wieder alles hoch. Ich war bei Bekannten in Stuttgart, und durch Zufall wurde bei einem Gespräch beiläufig sein Name erwähnt. Meine Bekannte sagte, er sei gestorben. Ich versuchte, mich unter Kontrolle zu halten, aber die ganze Nacht habe ich geweint. Alles war wieder da, nichts war verschüttet. Und auch der Zorn auf meine Mutter, darauf daß sie sich immer eingemischt hatte, kam wieder hoch. Es war die schlimmste Nacht meines Lebens. Später stellte sich heraus, daß nicht er, sondern sein Bruder gestorben war.

Ob ich an Geister glaube, ist etwas, worüber ich mir selber noch klarwerden muß. Mehrfach habe ich aber erlebt, wie sich das Unerledigte zwischen mir und meiner inzwischen verstorbenen Mutter noch immer auf ganz ungewöhnliche Weise Bahn bricht.

Vor kurzem mußte ich zur Beerdigung von Lord Lever of Manchester, einem der Schirmherren meiner Stiftung, von der noch die Rede sein wird. Meine Eltern liegen auf demselben Friedhof, und so ging ich selbstverständlich anschließend auch zu ihrem Grab. Meine Mutter hatte immer darauf bestanden, daß es das einzig Richtige sei, das Grab mit grünen Steinchen zu bedecken: „Denn du wirst ja nie kommen, um das Unkraut zwischen den Blumen zu jäten!" Ich habe diese eingefärbten Kieselsteine immer gehaßt, und als nach meinem Vater auch meine Mutter starb, nutzte ich die Gelegenheit, das Grab mit

Sträuchern und Blumen zu bepflanzen. Als ich nun hinging, sah ich, daß das Unkraut doch das ganze Grab überwuchert hatte. Ich versuchte, alles Unkraut auszureißen und kam zuletzt an eine riesige Wurzel. Ich zerrte und zerrte daran, und urplötzlich sprang sie auf unerklärliche Weise aus der Erde: Sie gab nicht langsam nach, sondern sprang richtiggehend. Ich fühlte mich wie von einem Schlag getroffen und fiel zu Boden. Das Fallen war zunächst ein Schwanken, so daß ich dachte, ich könnte mich noch retten; aber dann bekam ich solch einen Stoß aus dem Grab, daß ich rücklings mit dem Hinterkopf auf einen Stein schlug und eine Gehirnerschütterung erlitt. Und da wußte ich, wie zornig meine Mutter war, daß ich die Kieselsteine entfernt hatte. Sie mußte einfach jede Auseinandersetzung mit mir gewinnen. Immer noch.

Als ich über diese merkwürdige Begebenheit nachdachte, wurde mir klar, warum mich meine Mutter noch aus dem Grab heraus bestraft hatte. Ihr war es immer furchtbar wichtig, was Leute dachten, und anscheinend hatte sie eine furchtbare Angst, hilflos im Grab zu liegen, während sich die Leute über sie das Maul zerrissen. Die äußere Erscheinung war für sie alles. Auf Ewigkeit hätte sie sich verdammt gefühlt, wenn die Leute tatsächlich den Beweis gehabt hätten, daß sie von keinem mehr geliebt und ihr Grab von niemandem mehr gepflegt würde. Und das konnte sie sich von ihrer Tochter einfach nicht gefallen lassen.

2
Abschied von Israel

Albert begegnete ich zum ersten Mal im September 1959 bei einer internationalen Jugendkonferenz in Schottland. Er war zusammen mit Solomon „Sol" Kaplan, einem anderen Rabbiner, aus Amerika gekommen; die beiden befanden sich auf großer Europa-Reise. Es war eine Offenbarung für mich. Denn die beiden entsprachen so gar nicht dem Bild, das man sich damals von Rabbinern oft machte, als alten bärtigen orthodoxen Langweilern. Albert und Sol dagegen waren so unglaublich witzig, sie nahmen sich gegenseitig auf die Schippe wie zwei Komiker in einem *double act;* sie machten aus der Konferenz einen Lach-Vulkan. Ich war mit meinem damaligen Freund Roger dort, und so fanden Albert und ich uns zwar sympathisch, aber weiter geschah nichts; am Ende der Konferenz reiste ich mit demselben Roger wieder ab, mit dem ich gekommen war. Wir trennten uns zwar einige Monate später, aber das ist eine andere Geschichte. Unter einem Vorwand – Albert hatte versprochen, mir ein paar Fotos zu schikken, und hatte es nicht getan – schrieb ich an ihn. Zurück kam ein Brief, der mich so perplex machte, daß ich ihn Roger zeigte, denn er war der einzige, der Albert kannte und dem ich so intime Dinge anvertrauen konnte. Albert hatte sich offensichtlich auf den ersten Blick in mich verliebt, ohne sich etwas anmerken zu lassen.

Dann aber kam etwas dazwischen, der Sommer des

Jahres 1960. Ich war 20 und fuhr für sechs Wochen nach Israel, zum erstenmal. Es war etwas, was viele jungen Juden taten und immer noch tun, wenn sie mit der Schule fertig sind. Man hofft, in Israel ein Stück von sich selbst, eine Identität zu finden, und manchen gelingt es auch. Doch für mich sollte es eine furchtbar traumatische Reise werden. Noch heute fällt es mir schwer, darüber zu reden, noch immer fange ich dann regelmäßig an zu stottern. Die Menschen in Israel waren zwar wie eine große Familie. Es war etwa so, daß man, wenn man Leute nach dem Weg fragte, bei ihnen zu Hause landete und zum Essen eingeladen wurde. Und doch erschien mir Israel vom ersten Augenblick an als ein unangenehmes Land. Mit meinen Altersgenossen kam ich überhaupt nicht zurecht. Ich hielt mich wie immer an die älteren, vor allem an die, die aus Deutschland stammten, denn mit ihnen gab es Gemeinsamkeiten. Ich besuchte auch einen Studienkollegen, den ich vom Londoner Royal College of Music kannte, doch es waren seine Eltern, mit denen ich mich anfreundete. Sein Vater, Moshe Shamir, war ein bekannter Briefmarken-Designer. Die Eltern stammten zwar nicht aus Deutschland, sondern aus Riga, aber Deutsch war ihre Muttersprache. Sie waren sehr kultiviert, hatten eine riesige Bibliothek und verkörperten die europäische Kultur. Ich fühlte mich bei ihnen heimisch, und so kam es, daß ich nicht meinen Studienkollegen aufsuchte, sondern seine Eltern. Zu ihnen hatte ich ein viel engeres Verhältnis, als ich es jemals mit ihrem Sohn hätte aufbauen können. Es war die Generation meiner Eltern, ältere Jeckes, also deutsche Juden, bei denen ich mich rundum wohl fühlte. Mit ihren in Israel geborenen Kindern verband mich nichts.

Und dann wurde ich in Israel von einem Israeli vergewaltigt. Ich hatte seine Familie zufällig kennengelernt;

es schien eine glückliche jüdische Musterfamilie zu sein. Und so habe ich mich naiv und dumm benommen. Es war das, was man heute *date rape* nennt. Wir hatten einige Zeit miteinander verbracht und waren hinaus zu einem Kibbuz gefahren. Ich hatte klipp und klar gesagt und gezeigt, daß ich mit ihm nicht schlafen wollte, aber er zwang mich mit Gewalt dazu. Ich habe vergeblich versucht, die konkreten Details aus meinem Gedächtnis zu tilgen. Lange Jahre war Albert der einzige, mit dem ich drüber sprechen konnte. Ich schob mir damals einen Teil der Schuld selber zu: Vielleicht hätte ich mich nicht in eine solche Situation begeben sollen. Später jedoch fand ich, daß ich eigentlich das Recht haben muß, mit einem Mann irgendwohin zu fahren, ohne daß er mich vergewaltigt. Ich war mit einer Freundin per Anhalter durch Israel gefahren, wir waren öfters in potentiell gefährliche Situationen geraten, doch war nie etwas passiert. Israel war wie ein großes Dorf, es kam einem vor, als sei man mit allen verwandt, und ich konnte mir einfach nicht vorstellen, daß es auch hier derartige Gefahren geben sollte.

Ich war mit dem Schiff nach Israel gekommen, von Marseille aus, und ich erinnere mich, daß in Zypern eine Gruppe von jungen Israelis an Bord kam, die ich sehr beneidete, weil sie zu haben schienen, wonach ich mich immer gesehnt hatte: ein Gefühl von Identität. Ich war mir nie darüber im klaren, wo ich eigentlich hingehörte, und hier waren plötzlich junge Leute, die wußten, wer sie waren. Sie waren so fröhlich, sie sangen die ganze Nacht an Deck wunderschöne Lieder, sie waren von keinerlei Selbstzweifel angenagt, es war alles sehr romantisch und sehr bewegend. Doch es war ein falscher Vorgeschmack. Denn das, was ich suchte, habe ich in Israel nicht gefunden. Und davon habe ich mich nie richtig erholt. Die Vergewaltigung tat ein übriges und verhinderte, daß ich jemals zu Israel ein enges Verhältnis entwickeln konnte. Ich war mit so hohen Erwartungen gefahren; ich hatte geglaubt, in einem Land wie Israel könne, dürfe es Mord und Totschlag und Vergewaltigung nicht geben. Solche Erwartungen mußten natürlich enttäuscht werden.

Als ich vor einiger Zeit erneut Israel besuchte, konnte ich das Gebäude, in dem ich wohnte, nicht verlassen. Ich saß nur in meinem Zimmer herum, und plötzlich wurde mir klar, daß ich zum erstenmal seit damals wieder allein in Israel war. Zwischendurch war ich ein paarmal mit Albert dort gewesen, nicht oft, aber diesmal war ich wieder allein, und ich konnte mich einfach nicht mehr normal verhalten. Der „Vorfall" von damals drängte sich in mein Bewußtsein. Er hat meine Einstellung zu Israel unauslöschlich geprägt. Ich glaube, auch ohne diese Erfahrung wäre Israel für mich nie ein bevorzugtes Land geworden. Aber nach diesem Erlebnis konnte ich das „Heilige Land" nie wieder mit objektiven Augen betrachten. Es macht mich manchmal traurig, daß ich dem Land so negativ gegenüberstehe; ich denke, ich sollte und müßte doch positiver eingestellt sein, aber noch fällt es mir schwer. Natürlich spielen auch politische Gründe dabei eine Rolle. Ich war mit der unnachgiebigen Haltung Israels gegenüber den Palästinensern nicht einverstanden, ebensowenig damit, daß die orthodoxe Minderheit soviel Macht im öffentlichen Leben des Landes besaß (und besitzt).

Ein wirklich positives Erlebnis in Israel war für mich eine Frauenkonferenz des *International Council of Christians and Jews.* Sie fand im Konvent der Zionsschwestern statt, dem ursprünglich französischen Orden der *Sœurs de Sion,* die sich als so liebevoll und in ihrem Glauben so überzeugend erwiesen, daß man fast versucht war, sich ihnen anzuschließen. Es war wie ein

Paradies in einer unruhigen Welt voller Haß. Diskutiert werden sollte das Palästinenser-Problem, doch es war fast unmöglich gewesen, palästinensische Frauen zur Teilnahme zu gewinnen. Teilweise waren ihre Männer dagegen, teilweise ihre politischen Führer, teilweise hatten sie Schwierigkeiten, durch die israelischen Straßensperren zu gelangen. Schließlich aber erschienen doch zwei Palästinenserinnen, wohlgemerkt Christinnen, keine Musliminnen. Das erste, was eine von ihnen, eine gebildete Sozialarbeiterin, sagte, war: „Wir sind Heldinnen, weil wir es gewagt haben hierherzukommen." Und ihr zweiter Satz war, daß sie hier zum erstenmal in ihrem Leben mit Juden zusammentraf, die nicht Soldaten oder Polizisten waren.

Der Ton ihres Vortrages war zunächst ausgesprochen feindselig. Sie erzählte uns von den Schwierigkeiten im täglichen Leben einer Palästinenserin in Israel bzw. in den besetzten Gebieten und berichtete von ihrer Erfahrung der alltäglichen Gewalt. Gewalt nicht nur von seiten der israelischen Armee übrigens, sondern auch untereinander – ein typisches Phänomen, wenn ein Volk auf engstem Raum zusammengedrängt wird, wenn eine Gesellschaft „implodiert". Sie haßte es, daß ihre Kinder in diesem Klima der Gewalt aufwuchsen. Welche Mutter haßt das nicht? Auch wir jüdischen Teilnehmerinnen waren noch nie Palästinenserinnen begegnet, und plötzlich stellten wir fest, daß wir als Frauen und Mütter die gleichen Ängste und die gleichen Träume hatten. Es war eine herzliche, gefühlsmäßige Einigkeit und Einheit unter Frauen. Eine Jüdin allerdings wehrte sich gegen diese Einigkeit mit Händen und Füßen. Einen Eklat gab es, als zur Sprache kam, daß es in Jerusalem lange Zeit zweierlei öffentliche Toiletten gab: die einen für Juden und andere für Palästinenser, letztere in viel geringerer Anzahl, ohne Toilettenpapier, zumeist total verdreckt. Die Frau stand auf und bezeichnete die Araber als Schweine, die sowieso keine Ahnung davon hätten, wie man eine Toilette benutzt. Sie wandte sich auch wütend gegen alle Schilderungen israelischer Gewalt und fragte: „Wollen Sie uns etwa mit den Nazis auf eine Stufe stellen?" Das war zuviel gewesen – das Gespräch erstarb. Plötzlich schlugen sich alle anderen auf die Seite der palästinensischen Frauen, nun war die Solidarisierung total.

Am Ende hat diese Konferenz uns alle verändert. Es war fast so, wie eine Stelle bei Händel in seinem Oratorium „Der Messias." Dort zitiert er aus dem ersten Korintherbrief: „Siehe, ich sage euch ein Geheimnis: Wir werden nicht alle entschlafen, wir werden aber alle verwandelt werden; und dasselbe plötzlich, in einem Augenblick, zur Zeit der letzten Posaune. Denn es wird die Posaune schallen, und die Toten werden auferstehen unverweslich, und wir werden verwandelt werden." (1. Kor 15, 51–52). Wir Frauen auf dieser Konferenz haben uns alle umarmt und geküßt, und die Palästinenserinnen schicken mir bis heute Weihnachtskarten! Jene einzelne Jüdin meinte zwar trotzig, sie werde eine solche *entente cordiale* nie akzeptieren, doch auch sie mußte widerwillig zugeben, daß sie durch die Konferenz ein anderer Mensch geworden war.

Ich wohnte bei meinem ersten Israel-Besuch bei einem Vetter meines Großvaters, Alfred Philipp. Er war Rabbiner der damals einzigen anerkannten nicht-orthodoxen Gemeinde Israels, der einzige Liberale also, der zum Beispiel Trauungen vornehmen durfte. Als Höhepunkt seines Lebens empfand er, Martin Buber beerdigen zu dürfen. Er hatte für mich ein touristisches Programm entworfen und unter anderem empfohlen, auf den Davids-Turm zu steigen. Jerusalem war damals noch geteilt, und vom Davids-Turm hatte man eine gute Aussicht auf das abgetrennte Ost-Jerusalem. Nur sollte ich vorsichtig sein, sagte er, denn auf dem Turm lungere immer ein Bettler herum, der sich als Rabbiner ausgebe und gegen ein paar Schekel jedem Besucher einen erfundenen Segen austeile. In dem Turm befand sich eine Ausstellung, doch unverständlicherweise wurde ich jedesmal, wenn ich den Raum betreten wollte, hinausgeworfen. Da ich kein Iwrit verstand, begriff ich nicht, warum. Schließlich aber dämmerte es mir: Man wollte, daß ich meinen Kopf bedeckte. Ich borgte mir ein Tuch, und in diesem Moment griff besagter Bettler nach mir, sprach einen Segen und prophezeite, daß ich einen Rabbiner heiraten würde, was mich vollends aus der Fassung brachte. Bis dahin hatten Albert und ich uns gerade ein paar Briefe geschrieben, doch als ich diese Weissagung hörte, fühlte ich innerlich, daß der Mann recht hatte.

Ironischerweise sprach ich über diesen Vorfall ausgerechnet mit dem Mann, der mich vergewaltigt hatte, und zwar unmittelbar nachdem dies geschehen war. Wir waren noch am „Ort des Geschehens", irgendwo vor den Toren Jerusalems, und ich brauchte Hilfe. Ich war derartig durcheinander, daß ich mit jemandem sprechen mußte, und so erzählte ich ihm auch von jener Prophezeiung. Es war das erste Mal, daß ich den Gedanken einer Hochzeit mit Albert selber in Worte faßte. Der Mann wollte mit mir, man mag es glauben oder nicht, eine Beziehung anfangen, er ist sogar Jahre später, als ich schon längst verheiratet war, bei meinen Eltern in London aufgetaucht und hat nach mir gesucht.

Ich habe mich in meinem Leben immer treiben lassen. Ich habe eigentlich immer geglaubt, daß das Leben „beschert", also vorherbestimmt ist und daher selten bewußte Entscheidungen über mein Leben getroffen, sondern mich wie von Wellen dahin tragen lassen, wohin sie mich eben trugen. Und so war ich kein bißchen überrascht, daß ich bei meiner Rückkehr aus Israel einen Brief von Albert vorfand, in dem er mich einlud, ihn in Amerika zu besuchen. Er war damals Gemeinde-Rabbiner irgendwo in Pennsylvania. Ich habe lange überlegt, daß dieser Besuch soviel wie ein Eheversprechen bedeuten würde. (Andernfalls wäre für ihn die Situation seiner Gemeinde gegenüber zu kompromittierend gewesen.) Und das, wo wir uns doch nur eine Woche bei jener Konferenz in Schottland kennengelernt und danach nur wenige Briefe gewechselt hatten. Hinzu kam noch die Prophezeiung des falschen Rabbiners in Jerusalem. Es waren wahrhaft keine Felsen, sondern Kiesel, auf die ich meine Zukunft baute. Ich sprach mit meinen Eltern, und es wurde beschlossen, daß ich fahren sollte, ohne mich zu irgend etwas verpflichtet zu fühlen. Doch im tiefsten Innern wußte ich, daß ich mich dennoch band.

Es wurde eine wundervolle Zeit. Die Gemeinde nahm mich mit offenen Armen auf. Offenbar wünschte sie sich sehnlich, daß ihr mittlerweile 32 Jahre alter Rabbiner in feste Hände kam und daß er glücklich werde. Es ist ja auch schwierig für einen Rabbiner. Mit Mädchen der Gemeinde kann er nicht anbandeln. Mit einem Mädchen nur einmal auszugehen ist unhöflich und ungeschliffen; mit derselben zweimal auszugehen führt dazu, daß jeder schon an Verlobung denkt. Und so war Albert, obgleich er von Natur aus sehr gesellig ist, ein einsamer Mann. Als er nun ein Mädchen eigens aus England „importierte", zog die Gemeinde sofort den Schluß, daß es nun ernst werde. In den zehn Tagen meines Aufenthalts dort muß ich wohl zwanzig Pfund zugenommen haben. Nie zuvor hatte ich soviel gegessen und getrunken. Alle luden mich ein, und keine Einladung durfte ausgeschlagen werden. Und so war ich zum Frühstück schon zu Gast bei der einen Familie, zum Umtrunk am Vormittag bei einer anderen, zum Lunch bei einer dritten, und so ging es fort: Tee am Nachmittag, Drinks vor dem Dinner, dann Dinner und schließlich nochmals Getränke. Es war ein wahrer Zug durch die Gemeinde, der nicht enden wollte. Ich muß wohl Hunderte von Martinis getrunken haben, was damals ein beliebter, wenn nicht *der* amerikanische Drink bei solchen Gelegenheiten war.

Alle rissen sich darum, mir zu erzählen, was für ein wunderbarer Mann Albert sei. Das war durchaus nicht scheinheilig gemeint. Er war tatsächlich sehr beliebt in seiner Gemeinde. Nur hatte Albert etwas nachgeholfen. Er hatte nämlich dafür gesorgt, daß ich seine wenigen Kritiker erst gar nicht kennenlernte. Und so war die Reise ein voller Erfolg. Wir vereinbarten, daß ich mir auf der Rückfahrt nach England alles durch den Kopf gehen lassen sollte und wir dann telefonieren würden. Aber schon in Amerika war klar, daß ich seinen Antrag annehmen würde. In der Rückschau kommt mir das alles verrückt und sehr mutig vor. Doch damals war ich mit meinen 20 Jahren in einer Sackgasse gelandet. Mein Studium am Royal College of Music stand kurz vor dem Abschluß, und ich hatte nicht die leiseste Idee, was ich danach anfangen sollte. Mit meinem Freundeskreis war ich alles andere als glücklich. Ich wußte nur, daß ich mein Leben drastisch ändern mußte. Ich wollte einen Neuanfang machen, egal wie. Auf eine Musik-Karriere war ich nicht erpicht, das war mir klargeworden. Andererseits wußte ich nicht, wie ich da herauskommen sollte, denn alles hatte mich doch in dieser Richtung vorbereitet. Albert hatte mich genau im richtigen Moment erwischt. Ich könnte das nicht so leichthin sagen, wenn sich mein Ja nicht als die beste Entscheidung herausgestellt hätte, die ich je in meinem Leben getroffen habe. Nicht, daß meine Antwort wohlüberlegt gewesen wäre. Aber sie war richtig und gut.

Meine Mutter war durchaus nicht begeistert. Sie wußte, daß bei mir auch der Wunsch mitspielte, ihr zu entkommen. Andererseits war sie immer sehr stolz darauf, daß sie mir nie Knüppel zwischen die Beine warf, was tatsächlich stimmt. Doch war es sehr schwer für sie, mich emigrieren zu sehen, und diese Emigration schien ja damals für immer zu sein. Auch die meisten meiner Freunde waren schockiert, als Albert nach London kam, um mit mir Verlobung zu feiern. Ich war 20, er 33, und dreizehn Jahre Altersunterschied, das schien unüberwindlich viel. Mein Professor am Royal College of Music, der verschiedentlich versucht hatte, mich zu einem *dirty weekend* auf dem Lande zu überreden, war genauso alt wie Albert. Er war mir stets als älterer Herr erschienen. Es war eine Ironie des Schicksals, daß ich nun einen solchen „älteren Herrn" heiraten würde. Zweifellos war Albert viel reifer als ich, er hatte seinen Beruf, er wußte, wer er war. Doch gerade das war mir danach wichtig, denn ich selbst hatte keinerlei Orientierung, ich hatte keine Ahnung, was ich mit mir anfangen sollte, und es hat weitere dreißig Jahre gedauert, bis ich es herausfand. Die Verlobung fand im März 1961 statt, und im Juli heirateten wir. Ich verließ England, um in Amerika mit einem völlig fremden Mann zu leben. Ein paar Zweifel kamen mir dann doch. Hätte mir damals jemand eine ehrenvolle Fluchtmöglichkeit aufgezeigt, ich glaube, ich hätte sie ergriffen. Doch da war keine.

3
Mit Albert in Amerika

Wir zogen nach New York. Es war ein schwerer Anfang, mit einem Mann, der mir fremd war, in einem fremden Land. Unser erstes Apartment war entsetzlich, jedenfalls fand *ich* es entsetzlich. Es befand sich nicht weit von der Columbia-Universität, in Morningside Heights, dem weniger guten Ende jener Gegend. Es war eine kurze Straße mit lauter Mietshäusern, alle um die Jahrhundertwende gebaut, häßlich und deprimierend. Unser Apartment war dunkel und eng und vollgestopft. Die Amerikaner nennen so etwas ein Eisenbahnapartment: ein langer Flur und davon abgehend vier enge, kleine Zimmer. Alles war grau gestrichen, das Badezimmer vorsintflutlich. Albert war als Vorhut in aller Eile auf Wohnungssuche gegangen, damit wir eine Bleibe hatten. Doch etwas Gutes zu finden, war auch damals schon nicht einfach. Ich war zuvor erst ein einziges Mal in Amerika gewesen und hatte nur Leute mit wunderschönen Wohnungen kennengelernt, und so war unser Apartment ein Schock für mich. Das einzig Gute daran war, daß das Haus auf einer Anhöhe lag und wir einen phantastischen Blick über Manhattan hatten. Und daß der berühmte Kunstkritiker Kurt Pinthus unser Nachbar war.

Anfangs bin ich regelmäßig zweimal pro Woche ausgerissen. Mein Problem dabei war bloß, daß ich das Land nicht kannte, die Stadt nicht und überhaupt niemanden, eigentlich noch nicht einmal meinen Mann. Wo also hingehen? So lief ich durch die Straßen, und nach zwei Stunden endete es immer gleich: Ich rief Albert von einer Telefonzelle aus an und bat ihn, mich abzuholen. Er hat sich wunderbar verhalten. Es war ein so klippenreicher Beginn einer Ehe, aber er blieb immer ruhig und liebevoll, während ich unbeherrscht war, Wutausbrüche hatte, streitsüchtig war. Oft hat es mich auf die Palme gebracht, daß er nie zurückschimpfte. Das machte mich noch wütender, ich schrie und kreischte und prallte doch an seiner Güte ab. Wie er es damals mit mir ausgehalten hat, weiß ich bis heute nicht. Offenbar war er sicher, daß sich die Wogen irgendwann glätten würden.

Ich hatte mich geweigert, in die Kleinstadt nach Pennsylvania zu ziehen, wo er seine Gemeinde hatte. Und so hatte er sich einen neuen Job als Studenten-Rabbiner an der New Yorker Columbia University besorgt. Ich hatte noch keinen eigenen Freundeskreis und aus einer Welt kommend, wo die meisten meiner Freunde fast noch Kinder waren, befand ich mich plötzlich in der Gesellschaft von lauter Philosophen und Theologen und sonstigen gelehrten Herrschaften. Ich kam damit nicht zurecht. Ich kam mir neben diesen Menschen furchtbar dumm und ungebildet vor, was ich ja auch war. Was konnte ich tun? Ich konzentrierte mich aufs Kochen. Wir hatten ständig Gäste, und ich stand in der Küche und perfektionierte meine Menüs, während Albert mit den Gästen tiefschürfende Gespräche führte. Ich fühlte mich dem nicht gewachsen. Ich kann nicht sagen, daß ich glücklich war – so klein und dumm und einsam wie ich mich fühlte.

Mich rettete, daß ich im selben Alter war wie die Studenten und daher viel mit ihnen unternommen habe. Ich trat auch ab und zu wieder als Pianistin auf, im Duo zusammen mit einer Geigerin. Diesmal saß mir niemand im Nacken, niemand befrachtete mich mit dem Anspruch, eine große Virtuosin zu werden. Ich konnte Klavier spielen, weil es mir Spaß machte. Wir machten auch ein paar Rundfunksendungen zusammen; ich begann, in studentischen Theater-Aufführungen zu schauspielern, und nach einem Jahr beschlossen Albert und ich, daß wir ein Baby haben wollten. Mir selbst war es gar nicht so eilig damit, aber aus Alberts Sicht war es sinnlos, noch länger zu warten. Mir blieb nicht viel Zeit zu überlegen, denn ich wurde sofort schwanger.

Entbindungen, wie alle ärztlichen Leistungen in Amerika, funktionieren nach einem Zwei-Klassen-System, je nachdem, ob man zahlen kann oder nicht. Ich zahlte, und so hatte ich mein eigenes Zimmer, meinen eigenen Arzt und sein Team sowie gute Behandlung. Eine Krankenschwester erzählte mir, wie es in den unteren Stationen für Nichtzahler aussah. Riesensäle, die Mütter waren mehrheitlich Schwarze und schlecht ernährt. Ihre Genesung dauerte länger.

Das Hospital war gleich um die Ecke, ein äußerst häßliches Gebäude: gebaut um 1910 hatte es das Aussehen einer Kaserne. Alles war in dem üblichen Amts- oder Anstaltsgrün gestrichen, und die Fliesen waren marmoriert, in dieser typischen grauen Maserung. Einige Jahre später bezog das Hospital neue Räumlichkeiten, und das alte Gebäude wurde zu einem Frauengefängnis.

Wir nannten unsere Tochter Ariel (was „Löwe Gottes“ bedeutet; auch Jerusalem wurde in alten Zeiten so genannt). Ich hatte gerade einen Roman von Yael Dayan (Mosche Dayans Tochter) gelesen, in dem die Heldin Ariel hieß. Es war damals bei amerikanischen Juden und besonders bei Rabbinern Mode, seinen Kindern biblische oder israelische Namen zu geben. Ich wollte auch Namen vermeiden, die dann abgekürzt werden können, wie

Judith zu Judy oder Rebecca zu Becky. Wir konnten ja nicht ahnen, daß einige Jahre später ein Konzern auf die Idee verfallen würde, ausgerechnet sein Waschmittel Ariel zu nennen. Was Wunder, daß Ariels Spitzname in der Schule Persil wurde. Auch unserer zweiten Tochter gaben wir einen biblischen Namen, Michal. Ihr Problem wurde, daß niemand diesen Namen richtig aussprechen kann.

Nach etwa zwei Jahren hörte ich zufällig von Apartments auf der 116. Straße am Broadway, direkt bei der Universität, die frei werden sollten, riesige Wohnungen, die gerade renoviert wurden. Aber natürlich kosteten sie auch doppelt soviel Miete. Wir nahmen sie trotzdem. Das war hart für uns, aber es war jeden Penny wert, und meine Lebensfreude wuchs. Wir luden ja ständig Gäste ein, doch in dem alten Apartment hatte ich es gehaßt. Jetzt lebten wir in einem alten Haus, wo die Zimmer groß und die Decken wunderbar hoch waren, Küche und Badezimmer nagelneu. Es war plötzlich eine Freude, Gäste zu haben. Der vorbeirauschende Straßenverkehr dröhnte zwar furchtbar laut, aber mir gefiel das, denn ich hatte dadurch nicht mehr das Gefühl, vom Leben abgeschnitten zu sein. Man konnte vom Fenster aus auch die vielen Straßendemonstrationen beobachten.

Mein gesellschaftliches Leben nahm einen rasanten Aufschwung. Ich hatte inzwischen meinen eigenen Freundeskreis aufgebaut, ich nutzte Alberts Beziehungen, um an Billetts heranzukommen, und so war ich mit den Studenten ständig im Theater, in der Oper, bei Konzerten, im Kino, auf Ausstellungen oder wo immer etwas los war. Ich unterhielt mich blendend. Ich nutzte all das, was am Studentenleben so wunderbar aufregend ist, ohne mich mit den harten Seiten abplagen zu müssen. Zum Beispiel inszenierten wir eine dramatisierte Version von André Schwarz-Barts damals berühmten Buch „Der Letzte der Gerechten". Die Hauptperson, Ernie Levy, lernt ein verkrüppeltes Mädchen kennen, Golda; die beiden verlieben sich ineinander und werden beide in Auschwitz umgebracht. Ernie war der „Letzte der Gerechten" in Deutschland, und weil nun keine Gerechten mehr da sind, steht Deutschland nicht mehr unter Gottes Schutz. Ich spielte die Heldin Golda. Das Ergebnis war, daß mir Michael Bavar, der den Roman dramatisiert hatte, als „Belohnung" ein Billett für das große Come-Back-Konzert von Wladimir Horowitz in der Carnegie Hall schenkte. Zwei ganze Nächte lang hatte er dafür Schlange gestanden.

Was mir in Amerika sehr geholfen hat, war übrigens mein englischer Akzent. Er öffnet einem in Amerika wirklich Türen, bis heute. Amerikaner beneiden einen darum. Von England nach Amerika zu kommen, war für viele ein positiver Kulturschock. Ich war zwar zunächst wie entwurzelt, entkörpert. Jude in New York zu sein war völlig anders, als Jude in London zu sein. In New York hatte man aber das Gefühl der Freiheit. Man verbarg sein Judentum nicht. Es war sogar ein Nachteil, jedenfalls in Manhattan, *kein* Jude zu sein. Manche änderten ihre assimilierten anglisierten Namen zurück zur ursprünglichen jüdisch-europäischen Form. So vieles, was damals aufregend und in Bewegung geraten war, im Theater, in der Musik, überhaupt in den Künsten, kam von Juden. Die jüdische Gesellschaft in Amerika ist auch nicht so vorurteilsvoll wie die in England, man fällt nicht ständig Urteile über andere.

Und doch vermißte ich etwas. Amerika insgesamt kam mir provinziell vor. Und New York schien sich selbst genug; an der Kultur anderer Länder war man wenig interessiert. Im England der 50er Jahre hatten wir soviel kulturellen Austausch gehabt, etwa mit Rußland: Das Bolschoi-Ballett kam, das Ensemble der Roten Armee usw., London gab sich in dieser Hinsicht wirklich Mühe. In Amerika dagegen hatte ich das Gefühl, daß unter jedem Bett gefährliche Kommunisten vermutet wurden. Ständig wurde geredet, als müsse man sich auf einen Atomkrieg vorbereiten. Es gab Alarmübungen, bei denen man in die Luftschutzkeller rennen sollte, sobald die Sirenen aufheulten. Für die Engländer war die Propaganda des Kalten Krieges immer eher ein Witz, weil die britische Atomstreitmacht selber ein Witz war. Man war eher verärgert, daß soviel Geld für eine sinnlose Fiktion ausgegeben wurde. In Amerika dagegen herrschte das Supermacht-Syndrom – obgleich die New Yorker Luftschutzkeller auch nicht gerade wohlausgestattet waren. Es gab keine Lebensmittelvorräte, kein Wasser und keine Toiletten.

An der Columbia University war die Stimmung ohnehin anders: liberal, offen, man war für Kennedy. Lange Zeit glaubte ich: Das ist Amerika. Erst viel später habe ich mitbekommen, wie hinterwäldlerisch der größte Teil Amerikas in Wirklichkeit war. Hans Habe beschreibt in seinem Buch „Anatomie des Hasses" eine Reise durch die USA kurz nach Kennedys Ermordung. Das hat mir zum erstenmal die Augen geöffnet. Etwa daß Kennedy in weiten Teilen des flachen Landes furchtbar verhaßt war. Daß Amerika in Wahrheit wirklich ein *„Red-Neck-Land"* ist, sehr prüde und konservativ.

Ich wurde damit einmal in einem öffentlichen Schwimmbad in Massachusetts konfrontiert. Ich hatte meine Tochter Michal mitgenommen, die damals gerade anderthalb Jahre alt war. Und da es so entsetzlich heiß war, hatte ich sie ausgezogen. Plötzlich kam ein Mann auf mich zu, wahrhaft ein „Red Neck", mit rotem Gesicht und fleischigem rotem Hals, und er schrie mich an: „Entweder ziehen Sie dem Kind was an, oder Sie fliegen hier raus.“ Ich fragte zurück, was ihn denn das angehe, und es stellte sich heraus, daß er der Besitzer war. Doch auch die anderen Leute im Schwimmbad haben mir böse Blicke zugeworfen. Ein nackter Mensch, und sei er noch so klein, verstieß gegen ihre puritanische Moral.

Albert hatte zusätzlich eine zweite Stelle angenommen, als Wochenend-Rabbiner in East Hampton, etwa hundert Meilen östlich von New York City, da sein Gehalt als Studenten-Rabbiner eher mager war. Seltsam eigentlich, daß nie jemand (auch ich nicht) auf die Idee kam, daß ich ja vielleicht auch arbeiten könnte. Ich hätte doch zum Beispiel Schreibmaschine-Schreiben lernen können, was ich mein Leben lang immer verweigert habe. Irgend jemand hat mir sogar einmal einen Job als Redaktionsassistentin einer jüdischen Zeitschrift angeboten. Aber ich habe abgelehnt. Das war eben die Zeit damals: Man heiratete, und der Ehemann hatte einen zu versorgen. Ich tat, was jüdische Ehefrauen eben so taten: Ich spielte Bridge, oder ich besuchte mit Freundinnen irgendwelche Country Clubs, wo man sich die Zeit mit Klatsch am Swimming Pool vertreibt, mit Tennis und *Ladies' Lunches,* also amerikanischen Kaffeekränzchen. Wenn ich gearbeitet hätte, wäre das auch so angesehen worden, als sei mein Ehemann ein Versager. Malerin zu sein oder Musikerin, das war in Ordnung, aber doch nicht ein Bürojob! Wenn ich heute daran denke, schäme ich mich, daß ich alles Albert überlassen habe, daß er allein arbeiten mußte, während ich mich amüsierte. Ich hätte ja auch studieren können. Daß Albert einen Job an der Columbia University hatte und wir direkt am Campus wohnten, wäre eine gute Gelegenheit gewesen, aber die Idee ist mir einfach nie in den Sinn gekommen. Albert hat mich zwar ermutigt, als Gasthörer an Kursen teilzunehmen, aber auch er hat mir niemals vorgeschlagen, daß ich auf einen akademischen Grad hin studieren könnte. Wieviel vertane Möglichkeiten!

Albert hatte also diese zweiten Stelle als Wochenend-Rabbiner in East Hampton angenommen. East Hampton ist ein äußerst smartes, elegantes Refugium für reiche New Yorker und Bohemiens. (Zum Beispiel wohnen jetzt auch Steven Spielberg und Calvin Klein dort.) Es war vor allem durch Jackson Pollock prominent geworden, der sich 1945 dort niedergelassen hatte. Und auf dem Weg von oder nach East Hampton ist er bei einem Autounfall auch gestorben. Er hatte eine Menge Künstler angelockt, nicht nur gute, auch zweitklassige, die dort malten und ausstellten. Und Intellektuelle hatten sich ebenfalls angesiedelt, Top-Leute von Universitäten. Es war eine faszinierende Zeit, mit einer endlosen Runde von Parties. Man schaute bei den einen kurz vorm Lunch auf einen Drink vorbei, war im nächsten Haus zum Lunch, und so weiter. Es war alles sehr zwanglos. Rauschgift gehörte bei manchen natürlich auch dazu, LSD vor allem.

Am Anfang jedoch war ich sehr unglücklich. Es ging ja auch um meine Einführung als Frau eines Rabbiners in eine Gemeinde, und ich hatte meine liebe Not damit. Ich war erst 21, sah aus wie 16 und trug Miniröcke, was die Gemeinde höchst unpassend fand. Es war eine seltsame Mittelstands-Gesellschaft: Ärzte, Tierärzte, Boutiquen-Besitzer, Lehrer, Wirtschaftsprüfer, Steuerberater und ein Optiker, die aber alle an einem schweren Minderwertigkeitskomplex litten, weil sie sozusagen nur zur „Dienstleistungsindustrie" der wirklich Reichen von East Hampton gehörten.

Für mich bedeutete East Hampton einen weiteren Kulturschock. Ich kam aus dem armen England, und diese

Leute hatten alle riesige Häuser mit mindestens sechs Badezimmern, vollgestopft mit teuersten Möbeln sowie Sommerhäuser, die sie doch nur ein paar Monate im Jahr während der „Saison" bewohnten. Ein älteres Ehepaar, mit dem wir uns anfreundeten und das für mich so etwas wie ein Elternersatz wurde, hatte in der Küche Originale französischer Impressionisten hängen. Vielleicht war es nicht der beste Monet oder der beste Renoir, aber immerhin. Für sie waren die Bilder das, was für mich Holzschnitte sind.

East Hampton war damals eine Hochburg der John Birch Society, einer extrem konservativen, ultrarechten, stark antisemitischen und gegen Schwarze eingestellte Organisation, die nach einem amerikanischen Soldaten benannt ist, der im Korea-Krieg fiel. In den örtlichen Clubs hatten Juden keinen Zutritt, zum Beispiel im *Maidstone*, einem Beach Club. Das war ein weiterer Schock für mich. So etwas hatte ich in Amerika nicht erwartet.

Das Städtchen zerfiel also in verschiedene Gruppen. Einmal die örtlichen Juden, dann die örtlichen Nicht-Juden, und schließlich die New Yorker – Juden wie Nicht-Juden –, die nur den Sommer über herkamen. Diese dritte Gruppe war eigentlich frei von Barrieren, es waren ganz andere Leute, die ohne Vorurteile miteinander gesellschaftlichen Kontakt pflegten.

Wir waren zu Anfang von der Geld- und Show-Business-Gesellschaft ganz isoliert. Wahrscheinlich hatten diese Leute Hemmungen, einen Rabbiner zu ihren Partys einzuladen. Eines verhängnisvollen Tages aber hatte ich mich bei einem Lunch sinnlos betrunken, wir saßen rund um den Swimming Pool, und ich trank eine Bloody Mary nach der anderen. Nach Hause bin ich in Schlangenlinien gefahren. Wie ich heil ankam, ist mir heute noch schleierhaft. Sofort lief die Geschichte durchs ganze Städtchen, daß die Frau des Rabbiners zu sehr dem Alkohol zugesprochen hatte. Das verblüffende Ergebnis war, daß wir plötzlich „in" waren und von den Reichen und Künstlern zu allen Partys eingeladen wurden, die uns bisher verschlossen waren. Bei unserer Gemeinde hat uns das natürlich nicht gerade beliebt gemacht.

Diese Gemeinde war damals noch ziemlich arm. Sie kaufte ein schlechtes Stück Land am Highway und richtete Schilder auf, auf dem zu lesen war: „Hier wird das jüdische Zentrum von East Hampton gebaut." Die reichen New Yorker Juden, die nur den Sommer über herkamen, fanden das im höchsten Maße peinlich. Einer von ihnen, Evan Frankel, ein Millionär, spendete eine Menge Geld, und ein anderer überließ der Gemeinde ein wundervolles Haus und vier Morgen Land, damit man sich ihrer nicht zu schämen brauchte. Im Parterre wurden Synagoge und Gemeindezentrum eingerichtet, oben eine Wohnung für uns, wenn wir am Wochenende kamen. Es war eines jener typischen riesigen Sommerhäuser, mit zehn Badezimmern. Nach drei Jahren habe ich in den labyrinthartigen Gängen sogar noch ein elftes entdeckt.

Mit Evan Frankel, der vor einigen Jahren im hohen Alter gestorben ist, waren wir gut befreundet. Er besaß einen kleinen Palast in East Hampton mit einem Garten, den er nach Monets Garten von Giverny mit der berühmten Brücke gestaltet hatte. Er stellte alle möglichen Skulpturen hinein, von Henry Moore bis zu modernen Amerikanern. Sein Haus war immer offen. Man konnte zu jeder Tages- und Nachtzeit bei ihm auftauchen.

Evan war homosexuell, bisexuell, es liefen Gerüchte um, daß er mit allen möglichen Frauen schlief. Besonders hingezogen fühlte er sich zu vorpubertären Mädchen. Ich erinnere mich, wie er einmal eine Freundin zu verführen suchte – er hat immer versucht, alle zu verführen – und ich war geradezu beleidigt, daß ich die einzige zu sein schien, bei der er es nicht probierte. Später hat er mir das so erklärt: Zweifellos möge er mich und zweifellos sei ihm das auch schon durch den Sinn gegangen, doch wann immer er aber Anstalten machen wollen, sei ihm im Geiste das Bild von Alberts strahlendem, unschuldigem Gesicht erschienen und habe sich ihm in den Weg gestellt. Er habe es einfach nicht über sich gebracht. Ob das nun stimmte oder nicht – für mich war es damals doch eine Beruhigung.

Wir haben ihn oft besucht, Lunch bei ihm eingenommen und all die Leute getroffen, die zu seinem Kreis gehörten. Er war eng mit großen Hollywood- und Broadway-Stars befreundet, etwa Lauren Bacall, Gwen Verdon und Lucille Ball.

Daß wir an diesem *hectic crazy social life* teilnahmen, war natürlich der letzte Sargnagel – mindestens, was mich anging – in unserem Verhältnis zu der Gemeinde. Vielleicht war es Neid: Jeder versuchte immerzu, in jene Kreise hineinzukommen und schaffte es nicht, während ausgerechnet wir, obgleich wir doch Neuankömmlinge waren, eingeladen wurden. Zweifellos wurden die anderen deshalb nicht eingeladen, weil sie zur „Dienstleistungsindustrie" gehörten. Und so führten sie notgedrungen ihr eigenes *social life* nach typischer Vorstadt-Manier.

Nun hatten wir uns ohnehin nie gemocht, die Gemeinde und ich, das beruhte auf Gegenseitigkeit. Es waren nicht „meine Leute". Ich hatte auch keine Ahnung, was man von der Frau eines Rabbiners erwartete. Es war eine ganz neue Gemeinde, Albert war ihr erster Rabbiner, und so wußten sie das selber wohl auch nicht so genau. Wir waren ja auch nur am Wochenende dort. Es war einfach schwierig, eine Beziehung zu Leuten aufzubauen, mit denen mich nicht viel verband.

Natürlich wurde die Geschichte später umgeschrieben. Wir kehrten nach etwa 15 Jahren nochmals zurück, als Albert die Hochzeit der Tochter des früheren Gemeindevorstehers zelebrierte. Früher waren dieser Gemeindevorsteher und ich nie zusammen in einem Raum gewesen, wir mochten uns einfach nicht. Und dann hatte er all das vergessen. Er ist auch die ganze Zeit unser Steuerberater geblieben, selbst als wir schon wieder in England lebten. Er war immer ganz stolz darauf, daß er zwei Klienten in England hatte, einmal uns und dann Paul McCartney, dessen Schwiegervater, Lee Eastman, in East Hampton wohnte.

Jedenfalls war es sehr schön zurückzukehren. Zum einen konnte ich ermessen, wie ich mich entwickelt hatte, wie sehr ich „gewachsen" war. Ich war ja bei unserer Ankunft ein unreifes Mädchen gewesen, unsicher, wie man sich benimmt, unsicher, wer ich war, ohne Identität. Und nun kehrte ich zurück und war jemand, mindestens auf dem Wege dahin. Jetzt hatte ich das Gefühl, es mit jedem aufnehmen zu können. Vorher war ich mir immer minderwertig vorgekommen: sozial, intellektuell, finanziell. Das war meine englische Prägung, die in Amerika eigentlich völlig deplaziert ist, aber eben nur schwer abzuschütteln war.

Beim Hochzeits-Lunch wurde mir der Platz neben Paul McCartneys Schwiegervater zugewiesen. Zu meiner Linken saß Willem de Kooning und mir gegenüber Jimmy Ernst, ein eher erfolgloser Maler, der Sohn von Max Ernst. Und dann waren da noch jede Menge anderer prominenter Leute, aber ich konnte mich jetzt problemlos unter ihnen bewegen. Nur war das Ganze reine Zeitverschwendung, denn Lee Eastman war einer der unangenehmsten Menschen, die ich je getroffen habe: unglaublich eitel, völlig von sich eingenommen, durch und durch unliebenswert. Und Willem de Kooning schien inzwischen völlig dem Alkohol verfallen zu sein. (So dachte ich wenigstens; inzwischen weiß ich, daß er seit Jahren unter der Alzheimer Krankheit litt. Aber getrunken hat er auch). Ein furchtbar netter, lieber, charmanter Mensch, aber die Zerstörung seines Hirns schritt unaufhaltsam fort. Seine Frau agierte als seine Gouvernante, und das seit Jahren.

Eine typische Geschichte über Lee Eastman, die damals in East Hampton die Runde machte, war die folgende. Es war bei einer jener in Amerika so typischen Veranstaltungen, auf denen für karitative Zwecke gesammelt wird. Bei dieser sollte Geld für jüdische Wohltätigkeits-Organisationen gesammelt werden. Jeder wurde gefragt, wieviel Geld er spenden wollte. Manche sagten 50000 Dollar, andere 100000, und so weiter. Als die Reihe an Lee Eastman kam, sagte er, er werde seine Spende vom Vorjahr verdoppeln. Alle waren schwer beeindruckt und sehr dankbar. Als man jedoch später in den Büchern nachschaute, wieviel er im Vorjahr gespendet hatte, stellte sich heraus: nichts.

Daß all diese Leute auf jener Hochzeit waren, hatte damit zu tun, daß besagter Steuerberater für sie alle arbeitete. Kein Wunder, daß er eine phantastische Kunstsammlung besaß. Ich glaube, oft hat er von seinen Klienten statt Bezahlung in Geld ein Gemälde bekommen, was für ihn ein viel besseres Geschäft war.

Jeder erinnert sich daran, wo er am 22. November 1963 war, als Kennedy ermordet wurde. Mir geht es nicht anders: Es war ein Freitag, und wir waren unterwegs im Auto von New York nach East Hampton. Das Auto war eine alte Schrottkiste, und das Radio hatte schon lange seinen Geist aufgegeben. Wir waren also ahnungslos, als wir in East Hampton eintrafen. Und als wir zu unserer Wohnung in der Synagoge kamen, funktionierte dort die Heizung nicht, weil irgend etwas mit der elektrischen Anlage kaputtgegangen war.

Ich konnte die Wohnung nicht ausstehen. Sie war zwar von einem bekannten New Yorker Innenarchitekten ausgestattet worden, aber niemand hatte mich jemals nach meinen Vorstellungen gefragt. Er hatte sie im sogenannten „Federal Style" gestaltet, den ich abscheulich finde: dunkle, klotzige Möbel, schweres Chintz überall – entsetzlich. Jedesmal, wenn wir dort ankamen, war ich sofort schlechter Laune. Und an diesem Tag war es obendrein noch kalt und dunkel. „Hier bleibe ich nicht", sagte ich, „laß uns zu einem Motel fahren."

Nun hat Albert die Angewohnheit, jedesmal als erstes den Fernseher anzudrehen, wenn wir ein Hotelzimmer betreten. Zu meinem Ärger tat er es auch diesmal wieder: Er betrat das Zimmer, drückte auf den Knopf und ging gleich wieder hinaus, um unsere Koffer zu holen. Das muß so gegen fünf oder sechs Uhr nachmittags gewesen sein. Natürlich gab es an diesem Tag nur eine Nachricht. Kennedy war ja gegen Mittag ermordet worden, und ich wurde aus den Meldungen zunächst gar nicht schlau, ich brauchte einige Zeit, bis ich begriff, was passiert war. Und *als* ich begriff, schrie ich nach Albert: „Komm her, komm her, es ist etwas Fürchterliches passiert!"

Wären wir in unserer Wohnung in der Synagoge geblieben und nicht ins Motel gegangen, hätte Albert in seinem Abend-Gottesdienst von nichts gewußt, und das wäre peinlich gewesen. So aber war der Gottesdienst sehr bewegend. Alle waren da, die ganze Gemeinde hatte sich versammelt, und nicht nur die jüdische Gemeinde, denn jeder suchte Trost.

Unser Hauptlebenskreis war jedoch die Columbia University. Hannah Arendt hatte gerade ihr Buch über die Banalität des Bösen veröffentlicht, „Eichmann in Jerusalem". Der „New Yorker" hatte es vorabgedruckt, es war eine Sensation. Sogleich wurde Hannah Arendt von Albert eingeladen, an der Columbia University zu sprechen. Es wurde der am meisten überlaufene Vortrag der Universitäts-Geschichte. Ich selbst mußte mich geradezu in den Saal hineinkämpfen. Eine halbe Stunde vor Beginn mußten die Türen wegen Überfüllung geschlossen werden. Die Leute hingen an den Feuertreppen und Dachrinnen, und plötzlich gab es einen furchtbaren Krach: Jemand war abgestürzt.

Anschließend hatten wir Hannah zu uns zu einem Umtrunk eingeladen. Ich muß gestehen, daß ich sie persönlich nicht sehr gemocht habe. Sie wirkte auf mich nicht sehr sympathisch. Wahrscheinlich kam sie mir als intellektueller Snob vor. (Möglicherweise lag das gar nicht an ihr selbst, sondern an mir, da ich mich damals ja intellektuell immer unterlegen fühlte.) Jedenfalls saß sie in unserem besten Sessel, oder besser: in unserem einzigen Sessel, mit Zigarettenspitze kettenrauchend, und ignorierte mich völlig. Mein Fehler war, daß ich mich wie ein Dienstmädchen nur um Essen und Trinken kümmerte.

Ein ähnliches Erlebnis hatte ich auch noch Jahre später in England. Wir hatten Elie Wiesel und einige Schriftsteller zum Mittagessen eingeladen, und ich verbrachte wieder einmal die meiste Zeit in der Küche. Elie hatte uns vorher gewarnt, daß er mittags nie etwas ißt, aber als gute jüdische Hausfrau nahm ich keine Notiz davon. Als ich schließlich auch am Tisch saß, hatte ich das meiste Interessante schon verpaßt, und tatsächlich hat Elie nicht einen einzigen Bissen angerührt. Das war der Wendepunkt. Ich sagte mir: das wird in Zukunft radikal anders. Zu oft war es mir passiert, daß wir interessante Leute zu Besuch hatten und ich die ganze Zeit in der Küche stand und die Speisen auftrug.

Die Studenten-Rabbiner an der Columbia University wurden vom Verband der jüdischen ehemaligen Studenten bezahlt. Albert war Stellvertretender Rabbiner, und als nun der Haupt-Rabbiner in Ruhestand gehen wollte, weigerten sich die Ehemaligen, Albert die Nachfolge anzubieten. Und was war der Grund? Albert sah ihnen zu jüdisch aus. Das war ein weitverbreitetes Phänomen. Gemeinden wollten immer einen Rabbiner haben, der wie ein WASP, ein weißer angelsächsischer Protestant aussah. Und Albert sieht eben wie ein mitteleuropäischer jüdischer Intellektueller aus. Das ist er, und so sieht er aus. Aber er war der Repräsentant der Gemeinde an der Universität, und sie sorgte sich furchtbar um ihr Image. Und es vertrug sich einfach nicht mit diesem Image, wenn ihr Repräsentant jüdisch aussah. Auf oberflächlicher Ebene kann ich das vielleicht sogar verstehen, aber eigentlich ist es unglaublich. Wenn die Leute sich schon als Juden identifizieren, was sie ja taten, und wo einige von ihnen ausgesprochen jüdische Namen hatten, wieso soll man dann nicht jüdisch aussehen dürfen? Aber wahrscheinlich gibt es in jeder Gesellschaft solche Oberflächlichkeiten. Man denke nur daran, wie wichtig heute Designer-Label sogar schon für kleine Kinder sind. Viele Juden wollten sich eben der „besseren Gesellschaft" gegenüber mit einem bestimmten Image präsentieren. So frei konnte man sich in New York als Jude also doch nicht fühlen, da gab es im Untergrund offensichtlich immer noch dieses Bedürfnis, möglichst nicht aufzufallen. Man brauchte nur etwas an der Oberfläche zu kratzen, um auf dieses Phänomen zu stoßen.

Eine Ironie der Geschichte war, daß die Columbia University Albert zwei Jahre später, als wir schon wieder in England waren, anbot, der Studenten-Geistliche für die gesamte Universität zu werden, sozusagen der übergeordnete „Studenten-Pfarrer" für alle Religionen, ein Job, der bis dahin noch nie einem Juden übertragen worden war.

Amerika scheint eine klassenlose Gesellschaft zu sein, und das stimmt sogar bis zu einem gewissen Grade, wenn man es mit England vergleicht. Natürlich gibt es auch in Amerika Klassen, doch ist es dort leichter, die Klassenschranken zu überwinden. Ausgenommen ist jedoch die höchste Schranke: Man kann nicht in die Gruppe eindringen, deren Vorväter mit der „Mayflower" in die Neue Welt kamen, oder in die DAR (Daughters of the American Revolution), deren Vorväter die amerikanische Revolution gemacht haben. Diese amerikanische Version der europäischen Aristokratie bleibt eine exklusive Gesellschaft. Ansonsten aber konnte man sich in eine Schicht „einkaufen" oder überallhin aufsteigen, wenn man Talent und Begabung hatte, zumindest in jener Zeit. In der englischen Gesellschaft in eine höhere Klasse aufzusteigen, ist fast unmöglich. In Amerika waren manche Türen zwar auch verschlossen, aber man konnte sie knacken. Alles schien möglich.

Ich hatte eben das Glück, während der Kennedy-Jahre in Amerika zu sein. Es war eine Lust, dort zu leben, es war eine Lust, jung zu sein, alles war so vielversprechend, man glaubte, man könnte alles erreichen, was man wollte, man bräuchte nur zuzugreifen und alles stünde einem offen. Es war eine gute Zeit.

Ich bin in Amerika ein anderer Mensch geworden. Zum einen hat es etwas für sich, ein Outsider zu sein. Man hat eine gewisse Narrenfreiheit, man ist nicht mit dem ganzen Gepäck der örtlichen Rituale und Gepflogenheiten belastet. Das ist dasselbe, wenn ich heute nach Deutschland fahre, da genieße ich auch Narrenfreiheit. Jedenfalls habe ich mich in Amerika völlig neu erfunden. Es war ein neuer Start, ich wollte alles Belastende hinter mir lassen, darunter auch meine Mutter. Mehr als alles andere wollte ich beliebt sein. Ich wollte geliebt werden, weil ich als Kind nie Freunde gehabt hatte. Das ist dasselbe mit Albert, auch er sehnt sich danach, geliebt zu werden, aber aus anderen Gründen, das hat mit dem Haß der Nazizeit zu tun. Ich habe jedenfalls in Amerika ein neues Selbstbewußtsein entwickelt, ich mochte mich plötzlich.

Kurz nach unserer Rückkehr nach England 1966 ging ich mit diesem neugewonnenen amerikanischen Selbstbewußtsein auf eine Party und tat das, was man in Amerika eben tut: Ich kam herein und stellte mich vor: „Hi, ich bin Evelyn Friedlander." Und alle drehten sich um und starrten mich an, als ob sie eine Irre vor sich hätten. Das hat mich augenblicklich zertrümmert. Ein ähnlicher Schlag wurde mir bei einer anderen Party versetzt. Wir gingen viel auf literarische Partys, und als mich jemand fragte: „Und was machen Sie?", wäre ich am liebsten im Boden versunken, denn ich war ja nur jemandes Ehefrau. Was wäre schon interessant gewesen an Gesprächen mit einer Hausfrau?

Mit dem gesellschaftlichen Leben in England bin ich nie gut zurechtgekommen. Amerika ist anders. Man regt sich in England immer über die angebliche Scheinheiligkeit der Amerikaner auf, die einen gleich beim ersten Treffen zum besten Freund erklären und das hinterher sofort wieder vergessen. Aber ich habe es geliebt. Jeder Amerikaner geht zunächst einmal mit der Grundvorstellung auf eine Party, daß er die Menschen dort mögen wird. Niemand denkt: Ach, da werden wahrscheinlich jede Menge doofe Leute aufkreuzen. In Amerika kommt es auf einen selber an, ob man diesem optimistischen Zutrauen dann gerecht wird. Engländer treten immer mit der unausgesprochenen, negativen Einstellung auf: Du mußt mich überzeugen, warum ich dich denn mögen soll. Und das bringe ich nicht fertig. In Amerika war es unwichtig, wer ich war oder was ich war.

Warum wir Amerika dann verlassen haben? Ein Grund war natürlich diese Geschichte, daß man Albert nicht länger haben wollte, weil er „zu jüdisch" aussah. Die Studenten waren alle für ihn, und ich habe ernsthaft erwogen, einen Studentenprotest zu organisieren. Auch die Fakultät stand auf seiner Seite. Aber Albert bekam kalte Füße. Das war 1965. Ein Jahr später hätten die Studenten vermutlich von sich aus protestiert, 1966 begann ja der Aufruhr an den Universitäten. Es war, als hätte ich diese Unruhen vorausgeahnt. Ich bin eigentlich kein Mensch, der viel bereut, aber das bereue ich. Ich hätte die Protestkampagne wirklich starten sollen, und ich glaube auch, daß wir gewonnen hätten. Vielleicht wäre es in die Geschichte der Universität als ein Wetterleuchten eingegangen. Das Gewitter bereitete sich schon vor. Da waren bedrohliche Spannungen in der Luft, die man gar nicht so recht fassen und beschreiben konnte.

Doch nachträglich bin ich eigentlich auch froh, daß wir dem allem entgangen sind. Denn natürlich hätten wir uns bei den politischen Auseinandersetzungen auf die Seite der Studenten gestellt. Die Proteste gerieten dann aber so sehr außer Kontrolle, daß es für uns sicher schwierig geworden wäre.

Amerika – oder mindestens die Großstädte – wurde allmählich auch gefährlich. Wenn Albert später als sonst nach Hause kam, hatte ich Angst, daß ihn jemand überfallen haben könnte. In England dagegen überlege ich eher, ob er wohl einen Unfall gehabt haben könnte. Dieser Unterschied sagt schon alles. Meine Duo-Partnerin, die Geigerin, und ich besuchten einmal ihre Eltern, um Bridge zu spielen. Sie lebten ebenfalls nicht weit vom Columbia-Campus. Der Vater saß in seinem Lieblings-Sessel am Fenster und las die Zeitung. Es war ein heißer Sommertag, und die Fenster waren geöffnet. Er stand auf, um sich Kaffee nachzuschenken, und in diesem Moment schlug plötzlich eine Kugel in seinem Sessel ein. Irgendein Heckenschütze hatte von der Straße aus auf ihn geschossen. Das muß etwa 1964 oder 1965 gewesen sein. Es war der Beginn einer hemmungslosen Gewaltwelle. Und das war ein weiterer Faktor, der mich bewegte, Amerika zu verlassen. Ich hatte inzwischen zwei kleine Kinder und dachte darüber nach, auf welche Schule ich sie schicken sollte.

Die Columbia-Universität liegt direkt neben Harlem, ein Kontrast, wie man ihn sich größer kaum vorstellen kann: Columbia war eine weiße Bastion, sie repräsentierte Erfolg, Zukunft, Hoffnung, Chancen. Harlem dagegen war (und ist) das genaue Gegenteil: ein Schwarzen-Ghetto, ein heruntergekommmener Slum, der Inbegriff von Hoffnungs- und Chancenlosigkeit. Zwei Welten prallten hier aufeinander, die sich doch nie berührten. Einmal in unserem ersten Jahr kam ein Paket an, doch wir waren nicht zu Hause. Der Postbote nahm das Paket wieder mit aufs Postamt, das sich auf der 125. Straße befand, also der Hauptstraße von Harlem. Ich ging, um es abzuholen, es war Sommer, und ich trug einen kurzen Rock oder Shorts. Irgend jemand sagte zu mir: „So sollten Sie lieber nicht da rumlaufen!" „Ach, seien Sie doch nicht albern", erwiderte ich. Doch ich hatte unrecht. Es war wie ein Spießrutenlaufen. Allein die feindseligen und andererseits lüstern-aggressiven Blicke waren beängstigend. Als ich aus dem Postamt wieder herauskam, stürzte ich mich in ein Taxi und kam auf diese Weise nach Hause. Es gab inzwischen Straßen, in die man sich allein nicht mehr hineinwagte.

Es war der Beginn der offenen Feindseligkeit zwischen Schwarz und Weiß. Albert war sehr aktiv in der Bürgerrechts-Bewegung, er war zusammen mit Martin Luther King von Selma nach Montgomery marschiert – jener umstrittene zweite Marsch, der gerichtlich verboten worden war. Albert fuhr mit einer Gruppe Studenten per Bus nach Alabama, um an dem Marsch teilzunehmen. Ich war hochschwanger, und er rief mich von unterwegs regelmäßig an. Und je weiter sie in die Südstaaten kamen, desto bedrohlicher wurde die Atmosphäre. Doch es war das Gegenteil von heute: Er fühlte sich nicht von Schwarzen bedroht, sondern von Weißen. Am sichersten fühlte er sich in schwarzen Wohnvierteln. Denn die Leute wußten, daß diese Fremden von der Ostküste für ihre Bürgerrechte kämpften.

Viele Juden haben damals für die Bürgerrechte, für die Gleichberechtigung der Schwarzen gekämpft. Jeder bessere Rabbiner konnte in seinem Lebenslauf einen Gefängnisaufenthalt vorweisen. Englische Gemeinden haben sich später immer gewundert, daß so viele Rabbiner, die sich bei ihnen um eine Stelle bewarben, in Amerika im Gefängnis gesessen hatten.

Das Traurige war, daß die Kluft und der Haß zwischen Juden und Schwarzen dennoch immer größer wurde. Ein Grund dafür war, daß viele Häuser in Harlem Juden gehörten und sich die Schwarzen von ihnen bedroht und ausgebeutet fühlten. Die eigentlichen Gründe jedoch lagen wohl tiefer: Zum einen war es vielleicht ein Sich-Aufbäumen der Schwarzen gegen die sie bevormundenden jüdischen Wortführer in der Bürgerrechtsbewegung, ein Aufstand der „Kinder" gegen die „Eltern"; und zweitens sicherlich der Neid, daß die jüdischen, später gekommenen Immigranten es in der amerikanischen Gesellschaft geschafft hatten, daß sie so erfolgreich waren, während ihnen selber der Aufstieg nicht gelingen wollte, von wenigen Ausnahmen, vor allem im Show-Business und Sport, einmal abgesehen.

Der Vietnamkrieg hat Amerika dann wirklich gespalten, man sprach ihn in Gesellschaft besser nicht an. In Universitätskreisen herrschte die Auffassung, daß eigentlich nur die Armen und Entrechteten, also vor allem die Schwarzen als Soldaten in Vietnam landeten, während sich die meisten Söhne der Mittelklasse erfolgreich drücken konnten. Die einen gingen nach Kanada, andere hatten Beziehungen, wieder andere studierten so lange, daß sie nicht mehr eingezogen wurden. Ich erinnere mich an eine Dinner-Party, wo ich mich gegenüber meiner Tischnachbarin kritisch über den Vietnamkrieg äußerte. Nicht, daß ich viel darüber nachgedacht hatte; meine Worte waren nur das Echo der im Elfenbeinturm der Columbia-Universität vorherrschenden Meinung. Sie ließ mich ausreden und sagte dann nur mit bitter-ruhigem Ernst: „Mein Sohn ist in Vietnam." Das hatte ich nicht erwartet, und es ließ mich augenblicklich verstummen.

Die vorher so unbefangene Atmosphäre wandelte sich. John F. Kennedys Tod warf einen dunklen Schatten über das Land. Das gesamte Drama wurde per Fernsehen in die Wohnstuben gebracht, vom Mord selbst bis zur Beerdigung. Amerika hatte seine Unschuld verloren, nichts war mehr so *easy-going* wie zuvor. Irgendwann habe ich zu Albert gesagt: „Let's go!"

Wie Zufälle so spielen, schrieb uns genau zu dieser

Zeit ein Kollege aus England, daß eine Stelle der Londoner Vorort-Gemeinde Wembley vakant geworden sei, für die sich Albert vielleicht interessieren würde. Ich selbst wollte ohnehin gerade nach England fahren, um meine Mutter über den Tod meiner Tante in Oxford hinwegzutrösten. In England hörte ich, daß auch die Londoner Westminster-Synagoge einen Rabbiner suchte, einen zweiten Mann. Ich sprach in Wembley und Westminster vor, fungierte quasi als Alberts Vorhut, was eigentlich eine Rabbinerfrau „nicht tut". Doch ich verkaufte ihn so gut, daß ihm beide Jobs angeboten wurden.

Von dem Posten an der Westminster-Synagoge riet ich ihm jedoch schärfstens ab, denn die Gemeinde war damals sehr klein, und als zweiter Rabbiner hätte Albert gar nicht gewußt, was er mit sich hätte anfangen sollen. Und so riet ich ihm zu Wembley, denn es war eine große, blühende Gemeinde. Ich weiß nicht, was in mich gefahren war, denn ich habe das Vorstadtleben immer gehaßt. Doch jeder pries die Gemeinde und sagte, es sei eine wundervolle Gelegenheit für Albert. Albert sah sich beide Gemeinden kurz darauf selber an und entschied sich tatsächlich für Wembley, doch seinen Posten antreten wollte er erst zwei Jahre später, 1966.

Ich hatte also viel Zeit, über die Zukunft nachzudenken, und mich verließ die Courage. Ich konnte beim besten Willen nicht begreifen, warum ich Albert geraten hatte, Manhattan gegen ein Leben in einer öden Londoner Vorstadt einzutauschen. Wir waren doch inzwischen in Amerika sozial „angekommen", arriviert, hatten Wurzeln geschlagen. Das Leben war auch so bequem in Manhattan. Wenn schlechtes Wetter war oder ich die Babys nicht mit nach draußen nehmen wollte oder einfach keine Lust hatte einzukaufen, konnte ich alles telefonisch bestellen. Man konnte sich die Ware ins Haus bringen lassen, man brauchte nur anzurufen, den Schlachter, den Gemüsehändler, den Drogisten, und genauso holten die chemischen Reinigungen die Kleider an der Wohnungstüre ab. In englischen Vorstädten dagegen brachten (und bringen) die Supermärkte nichts ins Haus und schlossen damals um kurz nach 17 Uhr. Was für Aussichten!

4
Zurück nach England

Wir nahmen die „Rotterdam" von der Holland-Amerika-Linie, und die Reise war sehr angenehm. Wir gaben die Kinder im Hort ab und verbrachten unsere Zeit damit, an den Flipper-Automaten zu spielen. Unsere Seereise endete in Southampton, und es war, als landete man in den 30er Jahren. Schiffe kommen ja nirgendwo mehr an. Heute fliegen die Leute zu ihren Kreuzfahrtschiffen.

Wir hatten fürchterlich viel Gepäck. Nur meinen Steinway-Flügel hatte ich nicht mitgebracht, sondern in Amerika verkauft. Ein Steinway ist ein Pianisten-Flügel, und ich war sehr stolz auf ihn (obgleich ich noch lieber einen Blüthner gehabt hätte). Ich hatte eine Annonce in der „New York Times" aufgegeben und offensichtlich einen viel zu geringen Preis gefordert, denn das Telefon lief sofort heiß. Ein Mann schien so unausstehlich, daß ich deutlich machte, ihm würde ich meinen Flügel nie verkaufen. Dann meldete sich ein sehr nettes Paar. Die beiden suchten uns auf, um sich den Flügel anzusehen. Sie waren sehr zufrieden und wollten mit dem Geld wiederkommen. Und zu dem vereinbarten Termin hörte ich jemanden den Korridor auf unsere Wohnungstür zuschlurfen. Ich schaute durch den Spion und sah einen Mann, und ich wußte: das war jener unausstehliche Mann! Er hatte das nette Paar nur vorgeschickt. Nun stand er da, mit dem ganzen Geld bar in seiner schmutzigen Hand. Das Bargeld hat mich überzeugt.

Trotzdem war ich danach sehr verstört. Ich hatte den Flügel von einer Frau gekauft, die in Greenwich Village wohnte und sich als bekannte Schriftstellerin entpuppte. Sie hatte „The Onion Field" geschrieben, ein sehr erfolgreiches Kinderbuch über den Holocaust. Sie war so glücklich, daß ausgerechnet ich ihren Flügel kaufte, und ich war glücklich, ihn von einem so sympathischen Menschen zu bekommen; nun aber verkaufte ich ihn an so einen unangenehmen Mann, der zweifellos ein Händler war! Das traurige Gefühl blieb.

Albert hat sich nicht dagegen gewehrt, nach England zu gehen, ihm gefiel die Idee. Wir hatten ja damals auch nicht vor, uns für immer dort niederzulassen, denn er bekam ohnehin nur einen Dreijahresvertrag. Wir dachten uns: Sehen wir mal, wie es uns gefällt. Nach drei Jahren bot die Gemeinde Albert einen neuen Fünfjahresvertrag an, und er willigte ein. Da hatten wir auch schon ein Haus gekauft, und es wurde klar, daß wir bleiben würden.

Zudem wollte ich, daß meine Kinder Großeltern haben, denn ich selbst habe meine Großeltern ja nie gekannt. Ich wollte nun eine richtige Familie gründen. Das ist die Ironie der Geschichte: Ich war nach Amerika gegangen, um meiner Mutter zu entkommen, und nun kehrte ich in gewisser Hinsicht ihretwegen zurück. Ich glaubte, nach fünf Jahren Amerika genügend Abstand und eine eigene Identität gewonnen zu haben. Über mögliche Zweifel hatte ich nicht weiter nachgedacht; erst während der fünf Tage auf dem Ozean, als mich das Schiff unerbittlich immer näher zur englischen Küste trug, verließ mich mein amerikanisches Selbstbewußtsein peu à peu.

Das Kapitel Amerika war also abgeschlossen, und nun fanden wir uns in Wembley wieder. Ein typischer Londoner Vorort: endlose Straßen gesäumt von den immergleichen Doppelhäusern mit drei oder vier Schlafzimmern (in England rechnet man nicht die Gesamtzahl der Zimmer, sondern immer die Zahl der Schlafzimmer). Ab und zu Ladenzeilen, Bushaltestellen und in der Nähe eine U-Bahn-Station. Letztere war lebenswichtig für mich. Als wir uns für Wembley entschieden, war ein entscheidendes Kriterium, daß in der Nähe eine U-Bahn-Station sein sollte. Unter keinen Umständen wollte ich irgendwo abgeschnitten leben. Wenn schon Vorort und nicht Zentrum, dann bitte mit Verbindung zur Stadtmitte. Enttäuschend war, daß unser Vorort nicht mehr zu London, sondern zur Grafschaft Middlesex gehörte, denn das bedeutete, daß wir nicht im Londoner Telefonbuch verzeichnet waren. Wir glaubten und hofften ja, daß uns viele Freunde und Bekannte aus Amerika aufsuchen oder doch zumindest anrufen würden. Sie aber konnten uns im Telefonbuch nicht finden und nahmen daher an, daß wir wohl auf dem Lande leben müßten.

Die Synagoge befand sich in der Preston Road und hieß im Volksmund „Preston Road Synagogue", doch der offizielle Name war damals „Wembley Liberal Synagogue". Die Gemeinde war in den 50er Jahren gegründet worden und sozial überwiegend der unteren Mittelklasse zuzurechnen. Mehrere ihrer Gründer waren in den 30er Jahren Mitglieder der Kommunistischen Partei gewesen. Damals hatten sich ja viele Juden der CPGB, der *Communist Party of Great Britain*, angeschlossen und sich mit den Schwarzhemden von Oswald Mosleys Faschistenpartei Straßenschlachten geliefert. Sie oder zumindest ihre Eltern kamen aus dem armen Londoner East End, hatten sich dann langsam emporgearbeitet und waren in eine „bessere Gegend", also nach Wembley oder in den Nachbarvorort Kenton gezogen.

Meine Eltern hatten in der orthodoxen Synagoge von Kenton geheiratet. Und der Rabbiner, der sie getraut hatte, amtierte noch. Ich habe ihn nie getroffen, aber zwischen seiner orthodoxen Synagoge und unserer progressiv-liberalen gab es schwere Spannungen. Einmal verließ dieser Rabbiner eine Podiumsdiskussion, nur weil auch Albert teilnahm.

Für mich noch schlimmer war die Begegnung mit dem Rabbiner meiner Kindheit. Er war inzwischen pensioniert und lebte fünf Häuser von uns entfernt. Zufällig traf ich ihn auf der Straße und erzählte ihm, was ich in den vergangenen fünfzehn Jahren gemacht hatte und mit wem ich verheiratet war. Er lächelte süßlich, und von da an wechselte er immer die Straßenseite, sobald er mich von weitem kommen sah. Und das war der Rabbiner, in dessen Haus ich in meiner Kindheit die Passah-Feste verbracht, dessen Hand ich gehalten und neben dem ich in der Synagoge als kleines Mädchen gesessen hatte! Er war eben extrem orthodox. Er war sogar mehr als ein Rabbiner, nämlich ein Dayan, also Mitglied des rabbinischen Gerichts. Er konnte es nicht akzeptieren, daß ich einen liberalen Rabbiner geheiratet hatte, sozusagen zum feindlichen Lager übergelaufen war. Seine Frau war immer sehr nett zu mir; ich hatte den Eindruck, das Verhalten ihres Mannes war ihr peinlich.

Anders als unsere jetzige Gemeinde war die Gemeinde in Wembley eine richtige Ortsgemeinde. Das heißt, die Mitglieder wohnten in der gleichen Gegend. Man konnte nicht zum Laden an der Ecke gehen, ohne Bekannte zu treffen und zwanzigmal *Hello* zu sagen. Ich mag solche räumlich engen Gemeinschaften nicht besonders. Ich bin dafür nicht geschaffen und war darauf mit meinen damals 26 Jahren auch nicht vorbereitet.

Zunächst mußte ich einige Lektionen lernen. Als erstes lernte ich, niemals einen zweiten Drink zu nehmen. Erstens hätte mich die Gemeinde für eine Trinkerin gehalten, und zweitens wäre meine Zunge mit mir durchgegangen, was verheerend hätte sein können. Ich mußte meine Zunge immer im Zaum halten. Ein Rabbiner machte einmal die Bemerkung: „Oh, Evelyn trinkt offenbar ganz gerne." So eine Bemerkung in der Gemeinde kann einen ruinieren. Ich trank natürlich nie übermäßig, konnte allerdings, wenn nötig, Drink für Drink mithalten. Allerdings tat ich das nur unter Freunden oder außerhalb der Gemeinde. Da Albert nicht trinkt, pflegte er auf der Heimfahrt das Steuer zu übernehmen.

In der Gemeinde gab es alle möglichen Gruppen wie etwa die Frauengilde, ein Israel-Komitee, das Vorträge organisierte, ein Ritual-Komitee, das sich um die Gestaltung des Gottesdienstes und der hohen Feste kümmerte, einen Sozial-Ausschuß, ein Komitee zur Sammlung von Geldern, ein Bibliotheks-Komitee, ein Gemeindebrief-Komitee, dann natürlich den Chor und dazu dic üblichcn Streitigkeiten. Gerade zwischen Kantor und Rabbiner gibt es gewöhnlich Fehden, das ist gute jüdische Tradition seit Menschengedenken. Jedenfalls ist ein Rabbiner furchtbar beschäftigt, er muß bei allen Komitee-Sitzungen anwesend sein, und ich mußte zu allen Veranstaltungen gehen, den Vorträgen, Dinners, Bällen, Wohltätigkeitsveranstaltungen und zu den Gottesdiensten sowieso, mindestens zum Hauptgottesdienst am Freitagabend. Wenn wir am Freitag Leute zu Besuch hatten, mußte ich immer die Uhr im Auge behalten, denn spätestens um acht mußten wir mit dem Essen fertig sein und uns aufmachen zur Synagoge.

Nach dem Gottesdienst gab es einmal im Monat eine Veranstaltung mit dem Titel *Oneg Shabbath* (Sabbath-Freude). Da wurde Kaffee und Kuchen gereicht und ab und zu lud man einen Ehrengast ein. Einmal war es Churchills Tochter Sarah, und es endete fast mit einer Katastrophe. Wir hatten sie in Amerika kennengelernt, und zwar durch Evan Frankel, der sie heiraten wollte. Angeblich war seine Familie nicht damit einverstanden, weil sie keine Jüdin war, doch das war Unsinn. Winston Churchills Tochter als Schwiegertochter zu bekommen, darauf wäre wohl jede jüdische Familie stolz gewesen. Doch ob Heirat oder nicht, die beiden waren eng befreundet, und er kam 1953 als Churchills persönlicher Gast zur Krönung von Königin Elisabeth II. nach London.

Churchill hat bekanntlich sehr dem Alkohol zugesprochen, und diese Neigung hatte sich auf seine Tochter vererbt. Sie war Schauspielerin, nicht sehr erfolgreich, aber immerhin. Ihr erster Mann war der jüdische Komiker Vic Oliver, dann heiratete sie einen Society-Photographen und später folgten wohl noch einige andere. Sie hatte feuerrotes Haar und war einmal sehr attraktiv gewesen, doch mittlerweile hatte der Alkohol ihre Schönheit weitgehend zerstört. Albert hatte sich in Amerika mit ihr angefreundet, und da sie gerade einen Gedichtband veröffentlicht hatte, lud er sie ein, zum *Oneg Shabbath* daraus vorzutragen.

Albert ging mit ihr zum Lunch, die beiden suchten die Gedichte aus, und die entsprechenden Seiten wurden durch kleine Lesezeichen markiert. Um sechs Uhr sollte bei uns ein kleines Abendessen stattfinden, zu dem ich außer Sarah und ihrem literarischen Agenten nur meine Eltern eingeladen hatte. Mein Vater war ganz aufgeregt, denn Winston Churchill war sein großer Held. Sie verspätete sich, und wir gerieten allmählich in Panik, denn um acht begann ja der Gottesdienst. Mein Vater wartete an unserer Gartenpforte, bis endlich das Auto angefahren kam. Sarah trug einen Kaninchen-Pelzmantel, wie sie damals modern waren, und eine Pelzkappe, die unter ihrem Kinn zusammengeschnürt war. Sie stieg aus, ging auf meinen Vater zu und sagte zu ihm: „Können Sie mir mal helfen *to take this fucking thing off* (dieses Scheiß-Ding abzunehmen)." Mein sehr traditioneller Vater drehte sich schockiert um, lief ins Haus und rief: „Wißt ihr, was sie gesagt hat? Wißt ihr, was sie gesagt hat?" Er war außer sich.

Sarah aß nicht sehr viel von meinem Hühnchen, aber sie und ihr Agent gratulierten mir, wie wunderbar der Fisch (!) geschmeckt habe. Offenbar hatten sie nicht mitbekommen, was sie da aßen, denn ich hetzte sie geradezu durch die Mahlzeit, da ich Angst hatte, wir würden sonst bis zum Gottesdienst nicht fertigwerden. Aber dann war doch noch etwas Zeit, Sarah setzte sich sich in eine stille Ecke, um ihre Gedichte noch einmal durchzusehen, und bat um einen doppelten Brandy. Es wurde mehr als ein doppelter, und ich wurde zunehmend nervös.

Die Synagoge war überfüllt, jeder wollte Sarah Churchill sehen und vor allem, ob ihr Auftritt auch diesmal in einer Katastrophe enden würde, denn dieser Ruf ging ihr voraus. In den Zeitungen waren Berichte erschienen, wie sie immer wieder auf Partys oder in Nightclubs nach zu vielen Drinks mehr oder weniger handgreifliche Auseinandersetzungen vom Zaun brach. Wir machten ein *grand entrée* und schritten durch den Mittelgang zur ersten Reihe. Aller Augen waren auf uns geheftet. Da saßen wir nun nebeneinander, sie in einem weißen Kaninchen-Mantel, ich in einem schwarzen. Als es zum ersten Gebet kam, fühlte ich ihren Mantel an meiner Seite vorbeistreifen: sie sank huldvoll auf die Knie. Alles starrte ungläubig, denn Juden knien nicht, niemals. Im Gebet heißt es zwar: „Wir senken den Kopf und beugen die Knie", doch das wird nur gemurmelt, nicht getan.

Abgesehen davon gelangten wir ohne weitere Zwischenfälle durch den Gottesdienst und begaben uns in den Gemeindesaal zum *Oneg Shabbath*. Es begann damit, daß Sarah das Buch etwas ungeschickt am Deckel faßte, so daß alle Lesezeichen herauspurzelten. So mußte sie versuchen, sich zu erinnern, welche Gedichte sie vortragen wollte. Mit den ersten lief es sehr gut. Doch dann wurde es schlimmer und schlimmer. Sie merkte das wohl selbst und verlor sich plötzlich in einer Geschichte darüber, wie sie ihre Hündin kürzlich hatte sterilisieren lassen. Sie riß sich jedoch noch einmal zusammen, und da sie wohl meinte, an einem geistlichen Ort sei es passend, etwas Geistliches beizusteuern, rezitierte sie zum Schluß den christlichen Choral *All Things Bright and Beautiful*. Sie schaffte es gerade noch, majestätisch aus dem Gemeindesaal zu segeln, und ich stürzte ihr nach. Draußen wankte, schwankte und stolperte sie über den Parkplatz. Ich faßte sie beim Arm, um sie zu stützen, doch plötzlich ging sie auf mich los und sagte mit eisiger Kälte: „Fassen Sie mich nicht an, ich bin eine Churchill!"

Anschließend fand bei uns im Haus noch eine kleine Kaffeerunde statt, und Gott sei Dank hatte ich nur ein paar andere Rabbiner dazu eingeladen. Der Alkohol floß in Strömen, und Sarahs Konversation wurde immer vulgärer. Sie erzählte Anekdoten aus ihrem Leben, doch jedes zweite Wort war *fucking*. Heute wäre das nicht mehr so schockierend, aber damals, vor 30 Jahren, war es das. Ich war so froh, daß nur Rabbiner dabei waren. Sie fanden sie sehr faszinierend. Ihre ehemalige Schönheit schimmerte noch durch, und sie konnte eine Story in der Tat wundervoll erzählen.

Die Leute hielten mich für einen intellektuellen Snob, weil ich mir meinen Bekanntenkreis außerhalb der Gemeinde suchte. Zu jener Zeit waren außer uns noch einige andere Rabbiner-Paare aus Amerika nach England gekommen. Das war die Rettung. Wir mochten uns und fanden uns bald zu einem kleinen Kreis zusammen. Die Männer spielten regelmäßig Poker um kleine Geldsummen. Auch bei Rabbiner-Konferenzen in Amerika hatte man regelmäßig Poker gespielt. Einmal erlitt einer einen Herzanfall und mußte mit dem Krankenwagen ins Spital gebracht werden. Sehr peinlich. Er erholte sich und hat noch ein paar Jährchen weiter gepokert. Mit wem kann ein Rabbiner schon Poker spielen? Nur mit anderen Rabbinern. Ein Rabbiner und seine Frau sind nur unter Kollegen frei. Die Treffen unseres Kreises waren die einzigen Gelegenheiten, wo man seine Zunge nicht ständig zu hüten brauchte. Man konnte sich ungehemmt über seine Gemeinden auslassen, sie vergleichen und über bestimmte Gemeindemitglieder lästern.

Leider gab es dann zwei Todesfälle. Ein Rabbiner war ein lausiger Autofahrer, ich habe mich immer geweigert, mit ihm zu fahren. Er hatte einen Unfall auf der Autobahn. Seine Frau, eine meiner besten Freundinnen, kam dabei um, seine beiden Kinder wurden schwer verletzt, doch er selbst hatte nicht einmal einen Kratzer davongetragen. Wir hielten alle zusammen und versuchten, so gut wir konnten, ihm in dieser Tragödie beizustehen. Ein anderer Rabbiner namens Michael Goulston zog sich eine ganz seltene Krankheit zu und starb kurz nach seinem 40. Geburtstag. Er hatte 1966 ein Magazin gegründet mit dem Titel „European Judaism". Durch ihn kamen wir in Kontakt mit Künstlern und Schriftstellern, gingen zu literarischen Partys, organisierten Diskussionen zwischen jüdischen Theologen und Marxisten und fuhren zu Konferenzen in Paris und Amsterdam. Diese Außenaktivitäten machten das Leben in Wembley erträglich. Als Michael Goulston starb, ging es mit der

Zeitschrift bergab. Zum Schluß hatten wir noch ganze 50 Abonnenten. Das war mir so schmerzlich um Michaels willen, daß ich versuchen wollte, die Zeitschrift wieder flottzumachen. Zehn Jahre lang war ich dann Geschäftsführerin. Die Zeitschrift gibt es heute noch.

Doch kann man im Vorort gesellschaftlichen Kontakten nicht ausweichen, schon gar nicht als Frau des Rabbiners. Zum Glück gab es da einen Bridge-Club. Ich spielte zwar nicht gut, konnte aber immerhin die Karten richtig halten. Und spielend konnte man so manchen Abend sehr schön und ruhig verbringen, ohne zuviel Konversation machen zu müssen. Gewöhnlich wurden Sandwiches gereicht, und die Gemeinde oder vielmehr der Club war sehr stolz, daß man den Rabbiner und seine Frau mal wieder so nett unterhalten hatte. Wurde man dagegen zum Dinner gebeten, bemühten sich die Gastgeber immer, passende Gesprächspartner dazu einzuladen. Wenn diese orthodox waren, gab es jedesmal Streit und dicke Luft, und wenn nicht, war der Abend oft eine einzige quälende Langeweile.

Um keinen falschen Eindruck zu erwecken, muß ich sagen, daß unsere Gemeinde im Grunde sehr nett war. Es war wirklich eine Gemeinschaft, und man hat uns gut behandelt. Bloß paßte ich da nicht hinein. Ich hatte noch nie in Suburbia gelebt. Ich war es gewohnt, ins West-End zu gehen, wenn ich, sagen wir, eine Rolle weißes Garn zum Nähen kaufen wollte, denn dort gab es jede Menge Auswahl, sechs verschiedene Weißtöne und sechs verschiedene Qualitäten. Es war geradezu ein Schock, plötzlich unter Leuten zu leben, die ihren kleinen Stadtbezirk so gut wie nie verließen. Ihr ganzes Leben spielte sich dort ab. Sie gingen dort ins Kino und ins Theater und fuhren zum Einkaufen höchstens einmal nach Harrow, das war schon „grand". Es kam mir wie ein sehr enges, kleines Leben vor. Ich habe mich nie daran gewöhnen können. Endlos wurde darüber diskutiert, ob ich als Frau des Rabbiners mit meinen Miniröcken wohl passend angezogen sei, und jedesmal habe ich sie aus Trotz noch ein Stückchen kürzer gemacht. Plötzlich wurden Maxiröcke modern, ich machte mit, und wieder gab es endlose Diskussionen.

Einen kleinen Skandal verursachte ich auch bei einem Synagogen-Ball. Es war ein Kostümball unter dem Motto „Film", und da ich nicht in Verkleidung erscheinen wollte, zog ich ein seegrünes Ballkleid an, steckte ein langes Farnblatt in mein Decolleté und ging als Verkörperung des Filmtitels „Wie grün ist mein Tal" (das ist ein Film aus den 40er Jahren über das Leben der Bergleute in den Tälern von Wales). Ich fand meine Idee sehr lustig, und Albert fand das auch. Doch bei der Gemeinde kam ich damit nicht gut an. Mir kam mein Decolleté sehr züchtig bemessen vor, doch die anderen fanden es offenbar fürchterlich groß und frivol. Die Herrschaften fühlten sich sehr ungemütlich, nur wenige trauten sich, mich zum Tanz aufzufordern, und wenn, dann schauten sie immer in irgendeine Ferne. Obwohl Juden insgesamt vielleicht weniger prüde als Christen sind, hat das eben nicht für die Frau des Rabbiners zu gelten.

Kurz darauf habe ich das Kleid in einem Second-Hand-Shop verkauft, weil ich es ohnehin kaum würde tragen können. Und wer kaufte es? Eine Frau aus der Gemeinde! Eine sehr attraktive Frau in meinem Alter, etwas fülliger als ich. Sie konnte es tragen, ich, als Frau des Rabbiners, jedoch nicht. Einige Leute erzählten mir, wie erleichtert sie waren, daß ich das Kleid verkauft hatte. So wichtig war das für die Leute.

Ich machte noch andere Zugeständnisse. Wenn ich zum Beispiel Vorsitzende irgendeiner Versammlung war, setzte ich einen Hut auf. Das ist das leichteste Zugeständnis: einfach einen Hut aufsetzen. Mit Hut benimmt man sich auch anders.

Unser „Pfarrhaus" lag direkt neben der Synagoge, und der Synagogen-Parkplatz befand sich direkt hinter unserem Garten. Jeder, der zur Synagoge ging, kam also an unserem Haus vorbei. Immer reckten sich Köpfe über den Zaun, um zu sehen, was denn wohl die Familie des Rabbiners macht. Ich erinnere mich an eine Begebenheit, es war kurz vor dem Passah-Fest, wenn man alles gesäuerte Brot aus dem Haus entfernt. Mir tat es leid um all das schöne Brot, und so warf ich es in den Garten als Futter für die Vögel. Doch kein einziger Vogel kam, mein Brot zu essen. Was furchtbar peinlich für mich wurde, denn die gesamte Gemeinde ist an unserem Garten vorbeimarschiert und hat das Brot dort liegen sehen.

Gleich neben der Synagoge gab es auch einen Tennisplatz, und ich habe ihn weidlich genutzt. Doch ständig klingelte jemand bei uns und wollte den Schlüssel zur Synagoge haben oder, noch schlimmer, unsere Toilette benutzen. Bis heute geht mir das auf die Nerven: Jemand klingelt bei uns und möchte den Schlüssel zur Synagoge. Es macht mich jedesmal wahnsinnig, ich finde es auch im höchsten Maße unhöflich. Da ich nicht der Türhüter bin, gebe ich den Schlüssel jetzt nicht mehr heraus.

In England fiel ich in mein altes Selbst zurück. Ich konnte meine amerikanische Fröhlichkeit und Unbefangenheit nicht aufrecht erhalten. Es klappte nicht. Die Beziehung zu meinen Eltern verschlechterte sich zusehends. Erst vor ganz kurzer Zeit habe ich allmählich begriffen, wo das Problem lag. Es hat, wenigstens indirekt, mit dem Holocaust zu tun. Meine Mutter war nach England geflohen, als sie 26 war, so alt, wie ich war, als ich aus Amerika zurückkam. Sie hatte ihre Mutter angebetet, und sie hat sich ihr Leben lang schuldig dafür gefühlt, daß sie ihre Mutter in Deutschland zurückgelassen, im Stich gelassen hatte. So sah sie es. Das hat sie für den Rest ihres Lebens aufgefressen. Und so war ihre Beziehung zu mir eingefroren. Sie konnte sich nicht damit abfinden, daß ich nun verheiratet war und zwei Kinder hatte.

Sie war immer eine sehr dominierende Frau. Das bin ich auch, nur war ich es ihr gegenüber nicht. Sie konnte mich so klein machen, daß von mir nichts mehr übrig blieb. Zu allem Unglück war sie auch noch Mitglied unserer Gemeinde geworden, was mich sehr gehemmt hat. Es war ohnenhin schwierig genug für mich, die Rolle einer gestandenen Frau auszufüllen. Nun kam meine Mutter und erzählte den Leuten ständig Ankedoten aus meiner Kindheit, und es kam mir vor, als würde sie versuchen, mich wieder zu ihrer kleinen Tochter zu machen. Vermutlich sah sie das als die einzige Möglichkeit, Kontrolle über mich auszuüben. Wenn ich zu Sitzungen von Gemeinde-Komitees ging, habe ich mir, wie gesagt, jedesmal einen Hut aufgesetzt, in dem verzweifelten Versuch, älter zu erscheinen, eine reife Persönlichkeit darzustellen, Gravitas zu finden. Die amerikanische Selbstsicherheit war verflogen.

Neunzehn Jahre lang habe ich Heimweh nach Amerika gehabt. Jedes Jahr fuhr ich wieder hin, und alle meine amerikanischen Freundschaften habe ich sehr gepflegt. Was mir heute Deutschland bedeutet, war damals Amerika. Ich weiß so genau, daß das Heimweh neunzehn Jahre dauerte, weil ich ein Schlüsselerlebnis hatte. Es war 1985, ich war wieder einmal in New York, und wieder einmal war es ein furchtbar heißer Sommer, ich saß in einem Taxi ohne Klimaanlage, und plötzlich, in diesem Moment, dachte ich: Und danach hast du neunzehn

Jahre lang Heimweh gehabt? Dieser Moment war das Ende der Affäre. Bis dahin hatte ich immer gedacht: Wir hätten in Amerika bleiben sollen, das Leben wäre dort viel besser gewesen, warum sind wir bloß nach England gegangen? In dem Moment dachte ich: Mein Gott, neunzehn Jahre, und jetzt habe ich es schließlich geschafft!

5
Englische Verhältnisse

Englische Juden lassen sich, grob genommen, in drei Kategorien einteilen: erstens die alte englisch-jüdische Aristokratie, die seit Jahrhunderten hier ansässig und überwiegend sephardisch ist, d. h. ursprünglich aus Spanien und Portugal kommt; zweitens die russischen und polnischen Juden, die um die Jahrhundertwende einwanderten und seitdem sehr „englisch" geworden sind, und schließlich die deutschen Juden, die in den 30er Jahren vor Hitler nach England flohen. (Natürlich ist diese Einteilung sehr verallgemeinernd, denn auch im 19. Jahrhundert waren schon viele Juden aus Deutschland gekommen und hatten sich hier niedergelassen, wie etwa ein Teil der Familie Rothschild, die Warburgs oder die Cassels; und natürlich waren unter den Flüchtlingen der 30er Jahre auch viele Juden aus Osteuropa.)

Die Antipathie zwischen diesen Gruppen war enorm, man pflegte fast keinen Umgang miteinander. Die alte anglo-jüdische Aristokratie mochte die russisch-polnischen Juden nicht und die in den 30er Jahren eingewanderten deutschen Juden noch weniger. Die russisch-polnischen Juden wiederum mochten die deutschen Juden nicht, weil sie Angst hatten, daß sie den latenten Antisemitismus der Engländer verstärken könnten. Die Geschichte ihrer eigenen Verfolgung, die Geschichte der zaristischen Pogrome hatten sie weitgehend verdrängt oder romantisiert, wie in „Anatevka" und all den romantischen Geschichten aus dem ach so romantischen Schtetl.

Obwohl ich in England geboren bin, traf auch mich die Abneigung gegen deutsche Juden, waren doch meine Eltern aus Deutschland gekommen. Albert hatte noch mehr zu leiden, denn er ist ja in Deutschland geboren und verbrachte dort seine Kindheit. Kein Wunder, daß der Holocaust für ihn ein zentrales Thema ist, das sich in seinen Predigten niederschlägt. Unserer Gemeinde hat das immer weniger gefallen, sie wollte davon nichts hören, mit unseren Traumata nichts zu tun haben, bis heute nicht: Der Holocaust betraf und betrifft sie nicht. Das richtet Barrieren auf. Die Gemeinde hat den Eindruck, daß Deutschland noch immer der Mittelpunkt seines Lebens sei, und das schätzt man nicht. Diese Antipathie drückt sich sehr subtil aus, und manchen ist sie wahrscheinlich nicht einmal bewußt.

Untergründig hat sie wohl mit einem Schuldgefühl zu tun. Denn „die" britischen Juden haben sich, ehrlich gesagt, zur Nazizeit wahrlich nicht sehr ehrenvoll verhalten. Es ist ein Thema, das bis heute niemand ansprechen will: daß sie nämlich sehr wenig getan haben, um deutsche Juden zu retten. Dabei weiß man ganz genau, daß die britischen Juden wie übrigens auch die amerikanischen Juden die deutschen Juden nicht haben wollten. Sie hatten sich assimiliert, etwas aufgebaut, und sie wollten nicht, daß das Boot ins Schwanken käme, sie wollten den Status quo bewahren, den sie erreicht hatten.

Ich erinnere mich an ein Bankett im eleganten Dorchester-Hotel – das muß in den späten 60er Jahren gewesen sein. Alberts Buch über den Holocaust war für einen Buchpreis nominiert worden, und an diesem Abend sollten die Preisträger bekanntgegeben werden. In den offiziellen Festreden wurde immer wieder betont, was für ein wunderbarer Zufluchtsort England für die fliehenden Juden gewesen sei. Wir wanden uns an unseren Tischen und schluckten unseren Zorn herunter. Nur Elie Wiesel sagte die Wahrheit. Mit seiner sanften Stimme schalt und beschämte er seine Vorredner und rief in Erinnerung, daß England viel zu wenig getan hatte, wie meine Familie nur allzu gut wußte. Mein Onkel, der, wie schon erwähnt, in Buchenwald umkam, gehörte ja zu denen, die verzweifelt versucht hatten, nach England eingelassen zu werden. Meine Mutter hatte alle nötigen Papiere besorgt; das einzige, was fehlte, waren 100 Pfund Bürgschaftsgeld. Und da sie dieses Geld nicht auftreiben konnte, war sein Schicksal besiegelt.

Eine Ausnahme unter all denen, die gleichgültig und tatenlos der Tragödie zugeschaut hatten, war Alberts Vorgänger an der Westminster-Synagoge, Harold Reinhart. Er hatte sich wirklich für deutsche Juden eingesetzt und zum Beispiel dafür gesorgt, daß die emigrierten Rabbiner, jung und alt, Anstellungen bekamen. Wenn er das konnte, warum konnten es die anderen nicht? Viele Menschenleben hätten gerettet werden können, wenn mehr britische Juden für deutsche Juden gebürgt hätten. Im Unterschied dazu haben die Engländer beim Ungarn-Aufstand wirklich ihre Türen weit für Flüchtlinge geöffnet, und ich dachte: warum nicht für uns?

Wobei übrigens, um der Wahrheit die Ehre zu geben, die deutschen Juden wiederum die polnisch-russischen, also die sogenannten Ostjuden, verachteten, und das Wort „verachten" ist keineswegs übertrieben. Selbst meine Eltern, die ohne einen Pfennig in England ankamen, fühlten sich ihnen als deutsche Juden allein aus kulturellen Gründen haushoch überlegen. Ostjuden galten als laut und ungeschliffen, ihre Gottesdienste als laut und chaotisch, sie wären viel emotionaler, während deutsche Juden sich zu beherrschen und mit Würde zu bewegen wußten oder dies wenigstens glaubten. Das Schlimmste war, aus Galizien zu stammen. Meine Mutter schwor heilige Eide, daß sie, bevor sie nach England kam, noch nie ein jiddisches Wort gehört hätte. Dabei waren ihre eigenen Eltern vor dem Ersten Weltkrieg aus Budapest nach Essen geflohen, um den Pogromen in Ungarn zu entkommen. Dennoch hätte meine Mutter mit Ostjuden niemals Kontakt gepflegt. Und diese Verachtung beruhte auf Gegenseitigkeit.

Bis heute versuchen manche Ostjuden ihre wahre Herkunft zu verbergen. Viele sagen, sie stammten aus Wien, obwohl sie in Wirklichkeit irgendwo von den östlichen Rändern der ehemaligen k.u.k Monarchie kommen. Es gibt sogar einen Witz dazu: „Was sind Sie?" – „Wiener." – „Ach, wohl Bukowiner". Erst in jüngster Zeit wurde es respektabel, aus der Bukowina zu stammen, und zwar durch Paul Celan oder auch Rose Ausländer. Erst durch sie ist den Menschen klar geworden, daß die Bukowina eine wunderbare Kultur hatte. Ich habe diese Aversion gegen polnisch-russische Juden mit der Muttermilch eingesogen. In meiner Kindheit waren wir die einzigen deutschen Juden in unserer Straße, die anderen kamen aus Polen. Wir Kinder haßten einander, aber dann war da auch eine polnisch-katholische Familie, und gegen deren Kinder waren wir verbündet, denn wenn sich deutsche und polnische Juden auch hassen – es gibt eine Sorte Menschen, die sie noch mehr hassen, und das sind polnische Katholiken. Ich mußte mich sehr anstrengen, diese Haltung nicht auch meinen Kindern zu vererben.

Und noch etwas, auch wenn man die beiden Dinge nicht vergleichen kann: Sowenig die britischen Juden den deutschen Juden in der Nazizeit halfen, sowenig haben auch die deutschen Juden ihrerseits den Ostjuden geholfen, als diese um die Jahrhundertwende nach Deutschland kamen. Die jüdische Leistungsbilanz ist in dieser Hinsicht nicht die beste. Manche britischen Juden geben wohl Geld aber gesellschaftlich wollte man mit uns lieber nichts zu tun haben.

Deutsche Juden in England, selbst Kinder von deutschen Juden, erkennen sich gegenseitig. Ich kann das nicht erklären. Vermutlich hat es mit bestimmten Verhaltensweisen zu tun, die ihnen gemeinsam sind, wie Tischmanieren und Essensgewohnheiten. Sie trinken Tee, wir trinken Kaffee, sie essen englisch, wir essen deutsch, sie spielen Bridge, wir spielen Rommé, ihre Eltern sprechen untereinander englisch, unsere deutsch.

Trotz des latenten englischen Antisemitismus haben viele jüdische Flüchtlinge sich hier etwas aufgebaut und sind sehr erfolgreich geworden. Deutschlands Verlust war Englands Gewinn. Für das 19. Jahrhundert fallen einem auf Anhieb etwa Charles Hallé ein, der in Manchester das Hallé-Orchester gründete, Alfred Mond alias Lord Melchett, Gründer des Chemie-Konzerns ICI, Hugo Hirsch, Gründer des Elektro-Konzerns GEC, der ebenfalls ins House of Lords aufstieg; die Belfaster Werft Harland & Wolff verrät schon durch ihren Namen ihre deutsch-jüdischen Gründer; David Gestetner kam 1881 ohne einen Schilling nach England und gründete die gleichnamige Firma für Büroartikel; zu nennen wären auch die Schusters, die Wernhers, die Beits und viele andere, die ebenfalls geadelt wurden.

Auch von den deutsch-jüdischen Emigranten der 30er Jahre stiegen viele in die höchsten Spitzen der Gesellschaft auf. Sie besetzten Lehrstühle in Oxford und Cambridge, wurden ins Unterhaus gewählt, manche auch geadelt. Unter ihnen finden sich Mitglieder der Royal

Society und Nobelpreisträger wie z. B. der 1933 aus Göttingen vertriebene Atomphysiker Max Born. Es scheint wie ein Wunder, wenn man bedenkt, daß England nur rund 50000 (manche sagen 70000) deutsche und österreichische Juden hereingelassen hatte.

Was immer man über Maggie Thatcher sagen mag, eins ist offensichtlich: sie gilt zwar als Vertreterin eines englischen Nationalismus, war aber alles andere als antisemitisch, im Gegenteil. Der aus Königsberg stammende Chefrabbiner Lord Jakobovits war ihr moralphilosophischer Leuchtturmswärter, und zeitweise dienten in ihrem Kabinett vier jüdische Minister.

Also erhebt sich die unvermeidliche Frage nach dem Einfluß „der Juden" in der englischen Gesellschaft. Die Antwort ist: Sie sind ziemlich einflußreich. Juden sind in „typischen" Berufen wie im Rechtswesen, in der Medizin und im Bankwesen stark vertreten. Im britischen Fernsehen finden sich Juden an vielen Schaltstellen: von vier Kanälen haben drei jüdische Intendanten; die Royal Opera hat einen jüdischen Chef; im Showbusiness finden sich natürlich viele Juden; ebenso in der Malerei und im Theater; und zwei der vier großen Supermarkt- bzw. Kaufhausketten gehören jüdischen Familien. Doch das jüdische Establishment ist schon längst keine geschlossene Gruppe mehr, wenn es denn jemals eine solche war. Immer mehr Juden heiraten Nicht-Juden, viele spenden zwar noch Geld für jüdische Wohltätigkeitsorganisationen, lassen sich aber in der Synagoge nur sehr selten blikken. In meiner Kindheit wäre das undenkbar gewesen, aber die 60er Jahre haben die große Auflösung der traditionellen Bindungen mit sich gebracht. Anfang der 60er Jahre gab es in Großbritannien noch über 400000 jüdische Gemeindemitglieder; heute sind es gerade noch um die 300000, und jedes Jahr werden es rund tausend weniger.

1994 haben in Großbritannien nur etwa tausend Paare in der Synagoge geheiratet. In unserer Gemeinde konvertiert bei den meisten Heiraten einer der beiden Partner zum Judentum. Von diesen Ehen wiederum überdauern viele kaum zehn Jahre, und die Konvertiten bleiben dann nur selten aktive Mitglieder der jüdischen Gemeinschaft, wenn überhaupt. Das trägt zum Mitgliederschwund bei. Insgesamt heiraten heute weltweit 50 Prozent aller jungen Juden Nicht-Juden. Nicht von ungefähr schrieb der Chefrabbiner von Großbritannien, Jonathan Sacks, 1993 ein Buch mit dem Titel „Werden wir noch jüdische Enkel haben?" Er nennt es eine Tragödie, daß die Kette der jüdischen Kontinuität zu brechen scheint.

Ich hatte immer geglaubt und gehofft, daß Juden anders sein müßten als der Rest der Gesellschaft. Mögen sich alle anderen von ihrer Religion abwenden, so würden doch die Juden am Glauben ihrer Mütter und Väter festhalten. Leider ist es nicht so. Im Prozeß einer allgemeinen Abwendung von der Religion bilden die Juden keine Ausnahme, die jüdische Gemeinschaft spiegelt nur das wider, was auf breiter gesellschaftlicher Ebene geschieht. Und so ist meine Hoffnung zwangsläufig bescheidener geworden. Ich glaube, daß ein „harter Kern" übrigbleiben wird. Hart – nun ja. Ein Kern. Meine Eltern hatten überhaupt nur jüdische Freunde. Bei Albert und mir halten sich jüdische und nicht-jüdische Freunde die Waage. Unter den unzähligen Freunden meiner jüngsten Tochter Noam ist nur noch ein einziger Jude.

Wir Juden sind mit allem fertiggeworden, mit Verboten und Ausgrenzung, Pogromen und Exil, Verleumdungen als Brunnenvergifter, Hostienschänder und Christusmörder, mit zweitausend Jahren Haß, gipfelnd in der „Endlösung" – wir haben alles überlebt; nur Apathie und Indifferenz, die bringen uns um.

6
Westminster-Synagoge

Nach drei Jahren in Wembley wohnten wir immer noch in jenem schrecklichen Rabbinerhaus neben der Synagoge. Dann bot man Albert einen weiteren Fünfjahresvertrag an, und wir beschlossen, in England zu bleiben. Wir kauften uns ein eigenes Haus. Es mußte allerdings völlig renoviert werden. Und gerade zu diesem Zeitpunkt starb Rabbiner Reinhart von der Westminster-Synagoge. Seine Gemeinde fragte bei Albert an, ob er nicht der Nachfolger werden wolle. Zu diesem Amt gehörte eine riesige Dienstwohnung über der Synagoge. Sie liegt direkt am Hyde Park im Stadtteil Knightsbridge, in einer abgesperrten Privatstraße, fünf Minuten von Harrods entfernt – eine der besten Adressen Londons. Das stattliche Haus wurde 1870 gebaut und könnte gut und gerne als Botschaft oder dergleichen dienen; als Wohnhaus ist es viel zu groß. Während des Krieges war hier ein Telefon-Amt untergebracht. In den 60er Jahren hatte es die Gemeinde für 85 000 Pfund erworben. Im Parterre wurden Büros eingerichtet, der erste Stock wurde die Synagoge, im dritten Stock nahm Rabbiner Reinhart seine Wohnung, während der zweite Stock, unsere spätere Wohnung, jahrelang leerstand.

Ich selbst hatte Angst vor jener Gemeinde, Angst vor Problemen, wie wir sie später auch tatsächlich bekamen. Albert aber war Feuer und Flamme und überzeugt, daß es richtig sei, das Angebot anzunehmen. Wir hatten beide recht. Vieles war gut, vieles war schlecht. Doch ich glaube, das Schlechte hat zu Alberts Herzbeschwerden beigetragen, um derentwegen er sich unlängst einer vierfachen Bypass-Operation unterziehen mußte. Es lag am Stress, am Druck, der auf ihn ausgeübt wurde.

Alle glauben, daß ich Albert zur Annahme des Jobs an der „piekfeinen" Westminster-Synagoge im piekfeinen Stadtteil Knightsbridge überredet hätte. Sie glauben, hier müsse ich in meinem Element sein, stolz, mich in der besseren Gesellschaft zu bewegen. Das stimmt nicht. Ich bin gar nicht so extrovertiert, wie man meint. Ich wollte nicht, daß Albert hier Rabbiner wird.

Doch er nahm das Angebot an, und so waren wir plötzlich mit zwei Renovierungen beschäftigt, denn die Wohnung in Knightsbridge war genauso heruntergekommen wie das Haus in Wembley. Ich wurde darüber leicht schizophren. Auf der einen Seite mußte ich ein Vorstadt-Haus einrichten, auf der anderen eine riesige, hochherrschaftliche Wohnung. Ich kaufte kleine, moderne Möbel für das Haus und große, viktorianische für die Wohnung; Vorhänge für das Haus, keine Vorhänge für die Wohnung; das Haus war innen ganz in Blau gehalten, die Wohnung in Herbstfarben.

Kurz nachdem Albert sein Amt hier angetreten hatte, wurde uns auch schon nahegelegt, wieder zu verschwinden. Vielleicht seien wir doch nicht geeignet, hieß es. Das war für mich der Beginn meines Härtungsprozesses, von da an begann ich erwachsen zu werden. Ich versuchte, Albert das Rückgrat zu stärken, mehr noch: ihm Rückgrat zu sein, ihn vor Verletzungen zu schützen. Er ist keine Kämpfernatur. Ich bin eine, oder genauer: Zu diesem Zeitpunkt entdeckte ich, daß ich eine bin. Man konnte uns nicht einfach kündigen, denn man hatte Albert einen Vertrag auf Lebenszeit gegeben. Er hat trotzdem hin und her überlegt, als ihm in Atlanta ein neu geschaffener Lehrstuhl für Holocaust-Studien angeboten wurde. Doch wir beschlossen, die Sache bis zum Sieg auszufechten. Und Sieg hieß: Sie dazu zu zwingen, uns zu akzeptieren. Man tritt nicht auf das Geheiß anderer den Rückzug an. Erst siegen; dann kann man von sich aus erhobenen Hauptes das Schlachtfeld verlassen.

Unsere Gemeinde umfaßt ungefähr 350 Familien. Jeden Monat kommen etwa ein bis zwei Familien hinzu, und das gleicht die Zahl der Todesfälle und der Wegzüge aus. Da sich unsere Synagoge im Zentrum von London befindet, haben wir viele kurzzeitige Mitglieder, vor allem Leute, die vorübergehend aus Amerika in London sind, hier arbeiten und nach vielleicht drei Jahren in die USA zurückkehren. Anderen werden die Apartments in dieser Gegend zu teuer, und sie ziehen in einen Vorort. Wieder andere ziehen ihrer Kinder wegen in einen Vorort, wo ihnen die Synagoge mehr bieten kann an Spiel- und Jugendgruppen. Juden sind oder waren zumindest immer sehr darauf bedacht, daß ihre Kinder Gelegenheit haben, jüdische Altersgenossen kennenzulernen. Die Eltern denken schon früh an mögliche Heiraten. Manche Juden in Deutschland ziehen deswegen nach Israel, weil in Deutschland das Angebot an jüdischen Heiratskandidaten so klein ist.

In unserer Gemeinde spielt das keine große Rolle mehr. Natürlich würden es die Eltern gern sehen, wenn ihre Kinder Juden heirateten, aber sie kämpfen nicht mehr darum. Und die Jugendlichen selbst schließen sich nicht mehr begeistert Jugendgruppen an, wie ich es noch getan habe. Die Zeiten haben sich geändert. Heute gehen die Teenager in die Bar, ins Pub, in die Disco. Abgesehen von denen in der engen orthodoxen Gemeinschaft unterscheiden sich jüdische Teenager von anderen darin nicht.

Trotzdem wollen manche Eltern ihren Kindern wenigstens die Möglichkeit einer Jugendgruppe bieten. Oder eine Sonntagsschule. Zu unserer Sonntagsschule kommen eben nur dreißig Jugendliche, im Gegensatz zu dreihundert in anderen Synagogen.

Die Gemeinde läßt sich soziologisch als Mittelklasse oder obere Mittelklasse einordnen. Albert bestreitet das zwar und nennt als Gegenbeweis immer den einen Taxifahrer in unserer Gemeinde; ihm ist es peinlich, daß die Gemeindemitglieder nicht aus allen Schichten der Bevölkerung stammen. Doch so ist es nun einmal. Wir haben viele Yuppies, viele, die Landhäuser besitzen und deren Kinder aufs Internat gehen. Seltsamerweise und ganz ungewöhnlich für eine jüdische Gemeinde haben wir außer einer jungen Frau keinen Arzt. Auch keine Künstler. Stark vertreten sind Advokaten, Anwälte, Wirtschaftsprüfer, Leute aus der Werbeindustrie und überhaupt Geschäftsleute. Einige stammen auch aus Südafrika, zum Beispiel ein früherer Bürgermeister von Kapstadt.

Bemerkenswert ist auch, daß viele unserer Gemeindemitglieder Ehepartner haben, die Nicht-Juden waren und erst zum Judentum konvertiert sind. Es gab viel böses Blut, als unsere Synagoge öffentlich einmal als „Konvertiten-Synagoge" bezeichnet wurde, und Albert war darüber gar nicht glücklich. Aber es ist ein Faktum, daß Konvertiten hier willkommen sind und von Albert mit offenen Armen aufgenommen werden. Keine andere Synagoge öffnet ihre Türen so weit. Orthodoxe Synagogen überhaupt nicht.

Konvertiten müssen sich ein Jahr lang religiöser Unterweisung unterziehen, dann vor einem Rabbiner-Gremium erscheinen und schließlich das rituelle Bad nehmen. Und Männer müssen sich natürlich beschneiden lassen. Aber wenn man das Attest eines Psychologen vorweisen kann, daß einem eine Beschneidung unzumutbare Angstzustände und seelische Qualen verursachen würde, wird man auch so aufgenommen. Wir hatten gerade den Fall eines Deutschen, der besorgt anfragte, ob er dem Messer irgendwie entkommen könne. Sein Vater ist Pastor. Wir haben überhaupt eine ganze Menge deutsche Konvertiten.

Nach außen hin scheint die Gemeinde eine demokratische Verfassung zu haben. In Wirklichkeit wird alles insgeheim von wenigen Leuten entschieden. Kabalen, wo man hinschaut. Regelmäßig werden zwar Gemeinderatswahlen abgehalten, doch es gibt nur eine Einheitsliste, keine Gegenkandidaten, und der offizielle Grund ist, daß niemand enttäuscht sein soll, wenn keiner für ihn stimmt. Das heißt, der Ausgang der Wahl steht schon vorher fest. Das einzige Recht, das man hat, ist, jemanden als Kandidaten zu nominieren. Werden zu viele Kandidaten nominiert, so wird einigen von ihnen diskret nahegelegt, auf ihre Kandidatur zu verzichten. Diejenigen, die die Fäden in der Hand halten, handeln vorher aus, wen sie als Kandidaten haben wollen und wen nicht. Von Demokratie keine Spur.

Ich habe bei den Kabalen selber mitgemacht. Ich bin Mitglied des Gemeinderats, und Albert wird qua Amtes zu den Sitzungen des Exekutiv-Komitees eingeladen. Der Rat soll die Aktionen des Exekutiv-Komitees überwachen, aber die meisten Ratsmitglieder haben ohnehin keine Ahnung, was tatsächlich gespielt wird. Es werden ihnen Vorlagen präsentiert, die sie nur noch absegnen. Eine mächtige Dame im Exekutiv-Komitee steckt soviel Arbeit hinein, daß niemand wagen würde, ihre Entscheidungen anzuzweifeln. Zu ihr habe ich ein ganz seltsames Verhältnis. Sie mag mich sehr, sie kann sehr großzügig sein, und wir stehen uns sehr nahe.

Witwe Reinhart wohnte noch zwölf Jahre lang über uns, und das war ein großes Problem. Denn ihr Mann hatte die Gemeinde nach seinem Bilde geformt, und das ist die Wurzel allen Übels hier. Die Gründungsgemeinde hatte sich von der großen *West London Synagogue* abgespalten. Sie war Rabbiner Reinhart völlig ergeben. Er war ihre Vaterfigur, ihre Autorität. Alles, was er tat, jede seiner Gesten war perfekt. Jede Abweichung davon war ein Sakrileg. Zum Beispiel hat Albert die Angewohnheit, nach dem Ende des Gottesdienstes von seinem Postament herunterzukommen und jedem die Hand zu schütteln. Nicht lange nach seinem Amtsantritt wurde er dafür mit den Worten getadelt: „Wissen Sie, Rabbiner Reinhart stand immer rechts eine Treppenstufe höher, wenn er uns die Hand schüttelte!" Noch heute, fünfundzwanzig Jahre später, wird er wie ein Idol verehrt, und den Leuten rinnen die Tränen über das Gesicht, wenn sie von ihm sprechen.

Albert ist ein so gütiger, so mildherziger Mensch, und gerade das macht manche Menschen zornig. Sie hatten sich an jemanden gewöhnt, der ihnen genau sagte, was sie zu tun und zu lassen haben. Mit ihrem eigenen freien Willen können sie nicht umgehen. Das scheint für manche Chaos und Anarchie zu bedeuten. Einmal hat Rabbiner Reinhart der Gemeinde den Zutritt zur Synagoge verwehrt, da der Teppich im Mittelgang um einen Zoll schief lag. Er hatte einen Blick wie ein Senklot. Seine Frau war ähnlich. Wenn sie Gäste einlud, maß sie vorher die Entfernungen zwischen den Tellersets mit dem Zollstock ab. Wenn ein Teller am Tischende auch nur einen Zoll zu nahe an der Kante stand, mußte der ganze Tisch neu gedeckt werden. Auch die überhängende Tischdecke mußte rundum die gleiche Entfernung vom Fußboden haben. Kein Wunder, daß wir, die wir mit kleinen Kindern hier einzogen, Schwierigkeiten bekamen. Von dem Wechsel hat sich die Gemeinde nie erholt.

Jedenfalls wurde Witwe Reinhart das Zentrum jeglicher Opposition. Sie verwaltete und verkörperte das Erbe ihres Mannes. Sie kam zu jedem Gottesdienst, zu jeder Veranstaltung. Jedesmal wenn Albert die Synagoge betrat, um den Gottesdienst zu zelebrieren, wandte sie die Augen ab. Sie konnte es nicht ertragen. All die Jahre hatte er ihre unversöhnliche Abneigung auszuhalten. Mich hat sie mit Adleraugen beobachtet, jede meiner Bewegungen und Handlungen wurde überwacht. Seltsamerweise kamen sie und ich uns jedoch in ihren letzten Jahren sehr nahe, ich wurde so etwas wie ihre Enkeltochter. Sie starb in meinen Armen. Ich habe von ihr auch viel gelernt, Disziplin und Selbstdisziplin etwa.

Sie und ihr Mann kamen aus Amerika. Beide stammten aus wohlhabenden Verhältnissen und hatten keine Kinder, und so spielte sie die Rolle der Frau des Rabbiners perfekt nach Vorkriegsmanier. Von Couturiers ließ sie sich ihre Kleidung schneidern. Ihre Wohnung war exquisit möbliert. Jeden Tag kam ein Dienstmädchen. Regelmäßig wurden große Diners mit an die dreißig Gästen gegeben, zu denen eigens ein Koch und Bedienerinnen angeheuert wurden. Jedes Jahr reisten sie auf einem Luxusdampfer wie der *Queen Mary* nach Amerika. Alles in allem führten sie das Leben vornehmer Patrizier.

Damit konnte Familie Friedlander nicht konkurrieren, wir hatten keinen Penny geerbt. Außerdem war gerade unser drittes Kind zur Welt gekommen, und das hat man nicht nur der Wohnung, sondern auch mir selbst angesehen. Auf der Straße müssen die Leute mich wohl für das Au-pair-Mädchen gehalten haben. Ich trug Jeans und überhaupt Kleidungsstücke, die man ohne viel Federlesens in die Waschmaschine stecken konnte. Wenn Gemeindemitglieder mich so auf der Straße trafen, haben sie mich ihren Begleitern nie vorgestellt. Es war ihnen zu peinlich zu sagen, daß dies die Frau des Rabbiners sei.

Ich kenne die englische bessere Gesellschaft nur allzu gut, und das schließt die anglo-jüdische ein. Ich war zwar als Frau des Rabbiners inzwischen kein Niemand mehr; als solche kann man sich überall blicken lassen. Die Engländer wissen einfach nicht, wie sie einen Rabbiner und seine Frau gesellschaftlich einordnen sollen. Im Judentum gibt es keine geistliche Hierarchie. Und so peilen sie immer über den Daumen und stufen uns wie Bischöfe ein. Jedenfalls werden wir zu gesellschaftlichen Empfängen gewöhnlich zusammen mit Bischöfen eingeladen. Doch ist die englische bessere Gesellschaft voller Vorurteile; über alles wird sofort ein Werturteil erstellt, und das gefällt mir nicht.

Im Ausland kann man solche Werturteile besser neutralisieren, denn man ist ja ein Outsider, das bringt große Vorteile mit sich. In Amerika habe ich mich immer mit diesem Trick gerettet, wenn ich etwas „falsch" machte. Ich sagte einfach: „Oh, in England machen wir das aber so!" Das anzuzweifeln hat sich nie ein Amerikaner getraut. Desgleichen in Deutschland. Dort kommt noch hinzu, daß mir automatisch moralische Überlegenheit zugestanden wird, einmal weil ich Jüdin bin, und dann auch, weil ich Engländerin bin, denn Deutsche glauben ganz fest, daß Engländer besser wissen, was Stil ist und wie man sich zu benehmen hat. In England dagegen habe ich diese Vorteile nicht, da habe ich mich mit den Realitäten abzufinden und muß gesellschaftlich mit den Wölfen heulen.

Allerdings beschloß ich irgendwann, so etwa vor 15 Jahren, mich mit Snobs, die sich nur über die besten Ski-Abfahrten in Davos unterhalten und mir mit ihrem vielen Geld Minderwertigkeitskomplexe einjagen, einfach nicht mehr abzugeben, auch wenn sie noch so nett sind. Diese Abneigung hat etwas mit Werten zu tun. Unter Menschen, deren Werte in erster Linie monetär geprägt sind, fühle ich mich nicht wohl, ebensowenig wie unter sehr konservativen Menschen. Am liebsten bin ich mit Bohemiens zusammen. Jahre später, als ich meine Stiftung gründete, fehlten mir natürlich bestimmte nützliche Verbindungen, denn viele der von mir gemiedenen sind Leute mit Geld und Einfluß, die mir sehr hätten helfen können. Zwei Sekunden lang bedauerte ich, daß ich sie geschnitten hatte, doch dann dachte ich: Es wäre die Sache nicht wert gewesen.

Dann gibt es andere, die es darauf anlegen, einen zu erniedrigen, natürlich in typisch subtil-englischer Art. Zum Beispiel pflegte der frühere Gemeindevorsteher Albert zu ihren gemeinsamen regelmäßigen Treffen jedesmal in eine Hamburger-Bar einzuladen. Nicht in eines der eleganten Restaurants, in denen er sonst immer speiste. In eine Hamburger-Bar. Geld spielte bei ihm keine Rolle, das war nicht der Grund, Geld hatte er mehr als genug. Nein, es war eine subtile Art, Albert auf seinen Platz zu verweisen. Das ist ein Beispiel für die englische Politik der kleinen Nadelstiche, der kleinen versteckten Gemeinheiten.

Albert registriert so etwas nicht, er ist ohnehin kein Engländer, und oft merkt er gar nicht, wenn Leute ihn beleidigen. Ich dagegen bemerke diese subtilen Nuancen sehr wohl. Vielleicht bin ich hypersensibel. Ich bin verletzt, und er begreift nichts. Wenn ich ihm erklären wollte, daß und wie ihn jemand beleidigt hatte, hat er mich nur immer verständnislos angeschaut, das wurde ein ständiger Witz zwischen uns.

7
Die Frau des Rabbiners

Die Rolle der Frau eines Rabbiners ähnelt in vieler Hinsicht derjenigen einer Pfarrersfrau. Sie spiegelt die Rolle, die ihr Ehemann spielt. Ein Unterschied besteht darin, daß ein Rabbiner häufig gebildeter ist als ein anglikanischer Durchschnitts-Pfarrer. Er ist auch besser ausgebildet, etwa in Psychologie, so daß er für die Seelsorge besser gerüstet ist. Daraus resultiert, daß ein Rabbiner mehr Achtung in der Gemeinde genießt. Gerade in England wird der Pfarrer oft als etwas komische Figur karikiert. Zumindest haben ihn Unterhaltungsromane, Filme und Fernseh-Serien dazu gemacht. Man denke nur an den Film *Vier Hochzeiten und ein Todesfall.* Und wie es in Deutschland Arzt-Serien im Fernsehen gibt, so gibt es in England Pfarrer-Serien. Oft ist der Pfarrer in diesen Serien völlig weltfremd, stottert und spricht der Flasche zu. Einen Rabbiner würde man nicht in dieser Weise karikieren, und so wird auch seine Frau mit Respekt behandelt.

Der größte Unterschied aber zwischen Pfarrer und Rabbiner ist der Gehaltsunterschied. Ein Rabbiner wird sehr viel besser bezahlt. In der Grundschulklasse einer meiner Töchter war auch die Tochter des Pfarrers einer nahegelegenen, sehr bekannten Kirche. Er war ein überragender Mann, hoch gebildet und begabt, und seine Frau war Ärztin. Doch sie hatte gerade ein weiteres Baby bekommen und konnte daher nicht arbeiten. Jedenfalls bestand zwischen unseren Lebensstilen ein großer Unterschied, schockierend geradezu. Das Pfarrhaus war sehr groß und schön, aber sie konnten es sich nicht leisten, es ordentlich zu heizen. Das ist typisch in der anglikanischen Kirche: Sie besitzt immer noch wunderschöne Häuser, doch sie hat nicht das Geld, diese in Schuß zu halten und ihre Pfarrer angemessen zu bezahlen, denn Kirchensteuer gibt es in England nicht.

Von einer englischen Pfarrersfrau wurde immer erwartet, daß sie viele soziale Aufgaben übernahm, die Alten und Kranken besuchte, *Tea* oder *Sherry Parties* organisierte und alle kirchlichen Veranstaltungen besuchte. Vermutlich würde jede jüdische Gemeinde es gern sehen, wenn sich die Frau des Rabbiners in ähnlicher Weise betätigen würde. In unserer Gemeinde in Wembley war es ein bißchen so, obwohl ich so wenig tat wie nur möglich. Gewünscht wurde, daß sich die Frau abrackerte, ansonsten aber war sie nur das kleine Anhängsel an der Seite des großen Mannes. Bis in die 70er Jahre habe ich das auch mitgemacht, doch dann wurde es mir langsam unmöglich. Ich gebe zu, daß es für eine Gemeinde schade ist, wenn der Rabbiner keine Frau hat oder sie nicht mithilft. Denn ich glaube, daß Frauen in schwierigen Situationen, wenn es darum geht, die Wogen zu glätten und Leute zu beruhigen, sehr viel ausrichten können. Das gilt vermutlich auch für eine Pfarrersfrau. Doch mich hat es zunehmend gelangweilt. Und heute, wo es immer mehr Pfarrerinnen und Rabbinerinnen gibt, erwartet ja auch niemand, daß ihre Männer den Gemeindesaal schmükken und die Altarblumen richten.

Irgendwann wurde unter Leitung eines Psychotherapeuten eine Art Beratungsgruppe für Ehefrauen von Rabbinern gegründet. Die Idee war, daß man sich über die damit verbundenen Probleme austauschen sollte. Ich lehnte diese Idee ab, ich konnte damals mit Gruppen und

Gruppendynamik nicht gut umgehen. Wir kannten auch viele Frauen von Rabbinats-Studenten, Albert war Rektor des *Leo Baeck College,* und das hätte zu peinlichen Situationen geführt, denn ich wollte nicht das Innenleben der Frauen der Schüler meines Mannes kennenlernen.

Schließlich wurde ich aber so gedrängt, daß ich doch hinging. Meine schlimmsten Befürchtungen bestätigten sich. Man war gehalten, eine Art Seelen-Striptease zu vollführen. Ich wollte eigentlich gar nichts sagen, meinen Mund nicht öffnen, doch das ist in solchen Gruppen unmöglich. Ich sprach über Deutschland und habe wohl etwas über den Holocaust gesagt, und später, als ich wieder zu Hause war, bekam ich endlose Anrufe voller Vorwürfe. Denn eine der Frauen in der Gruppe war Deutsche, sie war zum Judentum konvertiert und hatte einen Rabbiner geheiratet. Alle anderen waren nun um ihretwillen furchtbar aufgebracht über mich, weil sie meinten, ich hätte die Frau verletzt. Soviel ich weiß, fühlte sie sich aber in keinster Weise verletzt. Sie selbst mußte doch mit ihrem Deutschtum und ihrem Judentum klarkommen. Ihr Mann war auch als Psychologe ausgebildet, und ich weiß, daß die beiden umfassend über alle Implikationen ihrer Konversion gesprochen haben. Natürlich würde sie Probleme haben, das war unvermeidlich.

Ich finde auch, wenn man schon eine solche Gruppe gründet, dann muß es möglich sein, ohne falsche Rücksichtnahme frei zu sprechen. Was mich ärgerte, war, daß in der Gruppe niemand den Mut aufbrachte, mir sogleich entgegenzutreten und mir die Meinung zu sagen. Dann hätte man alles an Ort und Stelle bereinigen können. Was mich jedoch am meisten ärgerte, war, daß ich in jener Gruppe von 15 bis 20 Frauen die einzige zu sein schien, die freimütig ihre Gedanken offenlegte, und zugleich ironischerweise die einzige, die in Wahrheit ein positives Verhältnis zu Deutschland hatte. Die anderen wichen dem Thema permanent aus. Ich bin nie wieder zu jenen Gruppensitzungen gegangen.

Natürlich haben alle Rabbinerfrauen ähnliche Probleme. Zum Beispiel haben meine Töchter immer gesagt, wie schwer es ist, Kinder eines Rabbiners zu sein, denn sie waren immer im Blickfeld der Gemeinde wie Fische im Aquarium und wurden wegen ihres Benehmens oder ihrer Kleidung kritisiert. Es dauerte eine lange Zeit, bis es mir gleichgültig war, was sie anzogen; schließlich jedoch sagte ich ihnen, daß sie zum Gottesdienst auch in Jeans erscheinen können, Hauptsache, sie erscheinen. Wir wohnen ja über der Synagoge, also im selben Haus, und wenn ich die Milchflaschen von der Haustür oder die Post holen will, muß ich immer durch die Synagogengänge und an den Synagogen-Büros vorbei, was bedeutet, daß ich mich immer wie auf einem Laufsteg bewege. Ich habe mich daran gewöhnt, doch für meine Töchter war es sehr schwer.

Eine befreundete Pfarrersfrau hatte dasselbe Problem. Das Pfarrhaus lag der Kirche direkt gegenüber. Ihre Gemeinde hatte, wie unsere, ziemlich reiche Mitglieder, und als Pfarrer oder Rabbiner ist man eben kein Krösus. Man hat nicht soviel wie die Nachbarn und kann sich keine Designer-Kleider leisten. Leute erzählen einem, in welchen Luxus-Restaurants und in welchen exklusiven Ski-Orten sie wieder waren, welche Piste die beste und wo der Après-Ski am exklusivsten ist. Manche schauen auf einen herab. Engländer, und besonders englische Juden, müssen über alles und alle ständig ein Urteil fällen. Man muß schon sehr stark sein, um das zu verkraften. Ich kam schließlich an den Punkt, wo mir all das nichts mehr ausmachte. Meine beiden älteren Töchter sind nach Amerika ausgewandert, und ein entscheidender Grund dafür war diese englische Verurteilungslust. Doch der größte Horror ist, als arme Kirchenmaus bemitleidet zu werden. Die Pfarrersfrau fühlte sich zuweilen wie die Almosenempfängerin einer Wohltätigkeitsorganisation.

Ich selber möchte keine Rabbinerin sein. Beim Gottesdienst in der Synagoge habe ich zwar oft gedacht: warum soll ich nicht das tun dürfen, was die Männer tun? Ich kann einen Gottesdienst leiten, den Barmitzvah-Kindern Unterricht erteilen, und ich habe es inzwischen auch oft getan. Doch zur Rabbinerin muß man berufen sein, und das fehlt mir völlig. Ich bin ein praktischer Mensch, ich bin nicht geschaffen für ein Studium der Theologie, Philosophie und all der anderen Fächer, die man als Rabbinerin studieren muß.

Ich bin auch nicht dazu berufen, immer nett und freundlich zu Leuten zu sein, nur weil ich die Frau des Rabbiners bin. Ich möchte aus eigener Entscheidung freundlich sein, und dann ist die Freundlichkeit auch echt. Ich habe den Mann geheiratet, nicht seinen Beruf. Da ist ein großer Unterschied. Zufällig ist er Rabbiner. Sicher, als wir jung verheiratet waren, hat mir das einen Status verschafft, den ich als Frau eines Unternehmers nicht gehabt hätte. Das war natürlich sehr schön. Neben den vielen Vorteilen sind aber auch viele Nachteile damit verbunden.

Albert dagegen könnte nichts anderes sein als Rabbiner. Jeder andere Beruf wäre für ihn undenkbar. Wenn er einmal aufhört, wird er es furchtbar vermissen, und ich verstehe gar nicht, was er vermissen wird. So viele Jahre kenne ich ihn, und mir ist es immer noch nicht klar! Er aber liebt seine Gemeinde, die Krankenhausbesuche, die Fürsorge und die Seelsorge. Und das Rabbinat ist natürlich ein Sprungbrett in die Medien. Zwischen den Londoner Rabbinern gibt es fürchterliche Eifersüchteleien darüber, wer öfter im Radio oder Fernsehen auftritt oder in der Zeitung erscheint.

Albert mag es auch, daß man als Rabbiner weder intellektuell noch gesellschaftlich in eine Hackordnung einsortiert werden kann. Er liebt Menschen, er breitet ihnen seine Arme aus. Ich bin inzwischen etwas zynischer als er, manchmal pessimistischer. Sicherlich sind viele Rabbiner in dieser Hinsicht genauso wie ich, aber sie sind nicht meine Vorbilder. Ich war sehr überrascht, als meine Tochter Ariel beschloß, Rabbinerin zu werden. Ausgerechnet sie, die das Rabbinat viele Jahre lang abgelehnt und geschimpft hatte, daß man stets beobachtet, bewertet und mit anderen verglichen wird. Am Ende spürte sie jedoch, daß sie dazu berufen ist.

Irgendwann hat mir das Synagogenleben gereicht. Ich kann ihm nicht völlig entkommen, noch nicht. Doch ich habe mich schon ziemlich von der Gemeinde gelöst. Ich teile nichts mit ihr, was ich tue. Was ich tue, gehört mir und nicht der Gemeinde. Denn sonst würde ich nur mit guten Ratschlägen überhäuft; man würde sich wieder den Mund über mich zerreißen. Ich gehe zu keiner Hochzeit, keiner Barmitzvah mehr, wenn es nicht persönliche Freunde von mir sind, denn ich habe es satt, vorn am Kopf des Tisches neben jemandes tauber Großmutter zu sitzen. Es gibt nichts Langweiligeres, als so einen Abend zu verbringen. Ob das Fest im noblen Dorchester-Hotel oder im Claridges stattfindet, ich gehe trotzdem nicht hin. Man sitzt da wie eine Schaufensterpuppe, es ist reine Zeitverschwendung und man langweilt sich zu Tode. Meistens habe ich dann angefangen, mit einem Kellner zu flirten, etwas Besseres gab es nicht zu tun.

Heutzutage geht Albert allein zu Gemeindeveranstaltungen. Ihm wäre es lieber, wenn ich ihn begleiten würde, aber ich kann einfach nicht mehr. Ich fühlte mich dort wie ein Bürger zweiter Klasse, niemand war wirklich an mir selbst interessiert. Die Ohren spitzten sich immer nur dann, wenn ich, was öfter und öfter vorkam, skandalöse Bemerkungen machte. Sie waren nicht wirklich skandalös, sie wurden nur so gewertet, weil ich die Frau des Rabbiners bin. Man erwartet, daß ich stets nur nette, propere Sachen sage, wie es sich gehört. Das entspräche meiner gesellschaftlichen Rolle. Fünf Minuten lang kann ich sie spielen, dann sprenge ich meine Zwangsjacke. Doch meistens hörten mir die Leute nicht einmal für fünf Minuten zu, so daß meine Ausbrüche schon im Ansatz steckenblieben.

Das einzig Positive am Dasein als Rabbinerfrau in unserer Gemeinde ist, daß wir diese wunderschöne Dienstwohnung am Hyde Park haben. Sie ist riesig. Nicht daß ich finde, Knightsbridge sei die beste Gegend der Welt. Man hat keine richtigen Nachbarn, da hier entweder Botschaften angesiedelt sind oder reiche Ausländer wohnen, die nur zeitweise vom Persischen Golf oder woher auch immer kommen. Doch die Adresse hilft. Man kann hochgestellte Leute einladen. Es wäre etwas ungewöhnlich, einen Botschafter nach Wembley zu bitten.

Unser gesellschaftliches Leben veränderte sich völlig. Albert wurde aufgefordert, an Fernseh-Diskussionen teilzunehmen, ich machte Sendungen im Radio, und einflußreiche Leute luden uns plötzlich zu ihren Dinnerpartys ein. Die Engländer sind in der Hinsicht sehr snobistisch. Man muß die richtige Wohnadresse haben, dann ist man wer. Und wenn sie hören, daß wir in Knightsbridge wohnen, denken sie: Ah, das muß ein mächtiger, erfolgreicher, überragender Rabbiner sein. Was nicht unbedingt stimmt. Diese Synagoge ist im jüdischen Leben Londons eine Art „Hintertupfingen“ ohne jedweden Einfluß. Nur ihrer

Adresse wegen gilt sie bei Engländern als einflußreich, was allerdings gewisse Vorteile mit sich bringt. Man trifft illustre und berühmte Leute, wird zum Theater oder zur Oper in deren Loge geladen und verschiedentlich fanden wir uns sogar bei Segelturns auf Privatjachten im Mittelmeer wieder.

Ein anderes Beispiel meiner Rolle als Alberts Anhängsel war Franco Zeffirellis Film „Jesus von Nazareth". Albert wurde gebeten, bei den Dreharbeiten in Tunesien als theologisch-historischer Berater zu fungieren. Wie sie auf ihn kamen, ob sie ihn in den Gelben Seiten des Telefonbuchs gefunden haben – ich weiß es nicht. Wir haben uns mit Zeffirelli angefreundet, und die Freundschaft dauert bis heute an. Wobei, um ehrlich zu sein, Zeffirelli mehr an Albert interessiert ist als an mir. Jedenfalls hatte Albert auch mir einen Job in dem Film besorgt, und zwar als Synchron-Stimme. Es war alles sehr aufregend und schien mir damals hoch bezahlt zu sein. Es war bis dahin das erste und einzige Mal in meinem Leben, daß ich einen richtigen, bezahlten Job hatte, und das über Monate hinweg. Jeden Morgen ging ich brav und stolz zum Studio. Insgesamt waren wir etwa zwanzig Synchron-Sprecher, fast alle von ihnen bekannte Schauspieler. Die meiste Zeit saßen wir herum und warteten, bis unsere Szene kam. Alle anderen nannte Franco beim Vornamen, nur ich war immer Mrs. Friedlander. Ich war auch die einzige, die vor Zeffirelli keine Angst hatte. Ich brauchte mich ja auch nicht um eine Karriere zu sorgen.

Wir hatten die Massenszenen zu synchronisieren. Was wir dabei genau sagten, war uns selbst überlassen, es mußte nur zur Szene passen. Ein Höhepunkt war die Szene, in der Pontius Pilatus die Menge fragt, ob er Jesus oder Barabbas freilassen soll. Ich war die einzige Jüdin im Studio, und als wir eingeteilt wurden, wer für Jesus und wer für Barabbas schreien sollte, bestand ich darauf, für Jesus zu stimmen. Niemals hätte ich die altbekannten Vorurteile gegen Juden genährt.

Eine andere Szene zeigte Jesus auf der Via Dolorosa, wo er beschimpft und bespuckt wird. Jeder sollte sich ein paar Sätze ausdenken, und plötzlich wurde die Atmosphäre emotional extrem aufgeladen. Einige steigerten sich so sehr in ihre Rolle hinein, daß es immer unerträglicher und immer antisemitischer wurde. Einer schrie schließlich ins Mikrophon: „Nieder mit den Juden, nieder mit den Juden!" Woraufhin ich nur noch „Cut" rief. Und plötzlich war es still im Saal. Sie hatten total vergessen, daß sie ja eine jüdische Menge darstellen sollten. Sie waren im Eifer des Gefechts wieder sie selbst geworden. Das Unbewußte brach sich Bahn. Es war schockierend.

Der Film wurde vom Waschmittelkonzern Procter & Gamble gesponsert, und er hatte daher auch Einfluß auf den Film. Zum Beispiel mußte die Kreuzigungsszene als „zu lang und zu brutal" gekürzt werden. Da es ein Fernsehfilm war, der allerdings kurze Zeit auch im Kino lief, mußte der amerikanische Fernseh-Zensor anrücken und sein Urteil dazu abgeben. Von meinem Lohn kaufte ich mir einen Pelzmantel, meinen „Jesus-Mantel", der heute ungetragen im Kleiderschrank verstaubt.

Der Produzent des Films kam regelmäßig nach London, brachte Gucci-Geschenke mit, lud uns ins Theater, in die Oper und die besten Restaurants ein und ließ uns in einer Limousine mit livriertem Chauffeur abholen. Es war eine neue Welt für mich, ich hatte dergleichen bis dahin tatsächlich nur im Film gesehen.

In den 80er Jahren schrieb Albert für den Komponisten Donald Swann die Kantate „The Five Scrolls" (gemeint sind die biblischen Bücher „Prediger Salomos", „Esther", „Das Hohe Lied", „Ruth" und das „Buch der Klagelieder"). Donald Swann hatte mit seinem Partner Michael Flanders in den 50er, 60er und 70er Jahren als Revue-Musiker große Erfolge gefeiert. Die Kantate war konzipiert für vier Stimmen, einen Erzähler, Klavier und Trompete – eine ungewöhnliche Kombination, die aber erstaunlich gut funktionierte. Ich war die Erzählerin. Der Höhepunkt war eine erfolgreiche Tournée in Amerika 1975. Doch sie machte mir auch klar, daß ich für ein Leben im „Wanderzirkus" nicht geschaffen war. Meine Ehe hätte es jedenfalls nicht überstanden, wenn ich ein Tournée-Girl geworden wäre. Und so stellte sich auch die Schauspielerei als berufliche Sackgasse für mich heraus. Ich war noch nicht selbstsicher genug, mir aus eigener Kraft ein eigenes Leben aufzubauen. Jahrelang im Schatten eines anderen Menschen zu leben fordert seinen Preis.

Auch mit dem unter mysteriösen Umständen verstorbenen Medienmagnaten Robert Maxwell wurden wir bekannt, und zwar erneut durch Albert, wie immer. Als Maxwells Frau 1988 die Konferenz „Remembering For The Future" über das Schicksal der Juden in Europa organisierte, wurde Albert ins Lenkungs-Komitee berufen. Zu den Sitzungen in Maxwells Landschloß Headington Hall bei Oxford wurden wir in seinem Gästehaus untergebracht. Das Abendessen beim ersten Treffen wurde im nahegelegenen Gourmet-Restaurant „Le Petit Blanc" eingenommen. Nun war es kurz vor dem Passah-Fest, was bedeutete, daß wir keine Speise mit gesäuertem Brot essen konnten, also auch keine Mehlsoßen, was die Fleischgerichte für uns zum Tabu machte. Die Gäste aus Israel dagegen kümmerten sich nicht um die jüdischen Speisevorschriften und langten ordentlich zu, während wir mehr oder weniger hungerten. Ausgerechnet, wo wir einmal im Leben in jenem berühmten Restaurant waren!

Was Robert Maxwell angeht, habe ich wohl noch nie

im Leben die Ausstrahlung einer solchen Macht erlebt. Um ihn war die Aura von Macht. Er hatte viele sehr attraktive Assistentinnen. „Assistentinnen“ ist eigentlich das falsche Wort, denn sie waren die Bosse seiner Tochterfirmen und ließen sich gewöhnlich von niemandem die Butter vom Brot nehmen. Doch in seiner Gegenwart wurden sie zu Wackelpudding. Er herrschte sie an, ihm das Sodawasser zu bringen oder ihm einen neuen Drink zu reichen, und sie rannten umher wie kleine Domestiken. Ich fand das sehr abstoßend. Wenn er eine Sitzung leitete, peitschte er ohne Rücksicht auf Verluste seine Tagesordnung durch. Unterbrechen ließ er sich höchstens, wenn der polnische Präsident Jaruzelski oder Mikhail Gorbachov anriefen. Dazu verließ er nicht den Raum, das Telefon stand vor ihm auf dem Tisch.

Einmal habe ich ihm beim Lunch in etwas widersprochen, und seine Antwort war ganz lapidar, daß er ja schließlich für alles bezahle und ihm deshalb auch die Kommandogewalt zustehe. Wenn es nach ihm ging, hätte man alle Diskussionen und demokratischen Prozeduren auch gleich abschaffen können. Ich weiß nicht, warum wir uns überhaupt Mühe gaben. Da ich außer seiner Frau die einzige weibliche Person in dem Gremium war, saß ich beim Dinner neben ihm. Es war ein Alptraum. Eigentlich fällt es mir nicht schwer, Konversation zu machen. Ich kann Leute zum Reden bringen, das lernt man in der Synagogen-Gemeinde. Ich komme sonst mit jedem Tischherrn zurecht. Doch mit Maxwell war eine Konversation unmöglich. Er saß nur zusammengesackt in seinem Stuhl. Was blieb mir in meiner Frustration anderes übrig, als ordentlich dem Wein zuzusprechen. Ein Glas nach dem anderen wurde gefüllt, meine Worte wurden immer unverschämter und provokativer und meine Gestik immer wilder. Dabei stieß ich versehentlich gegen mein Glas, und der Wein ergoß sich über ihn. Er sprang auf und sagte nur: „Massel Tov".

Bis zu dieser Konferenz hatte Maxwell nie zu seinem Judentum gestanden. Er hatte in der Kirche geheiratet, nie hatte er jüdische Dinge gefördert oder sich mit ihnen identifiziert. Seine Frau interessierte sich plötzlich für seine Vergangenheit, versenkte sich immer tiefer in die Welt des Judentums und hatte dann die Idee, besagte Konferenz zu organisieren. Das war für ihn der Anfang, die Heimkehr zu seinen Ursprüngen, und er ist ja bekanntlich in Jerusalem am Ölberg begraben.

Ich habe also durch Albert und seinen Job bis heute viele Vorteile: die Wohnung, die Beziehungen, das Entrée in die Welt der Künste und der Medien und in die „bessere Gesellschaft". Wäre ich mit einem gewöhnlichen Rabbiner in einer Vorstadtgemeinde verheiratet, hätte ich es wahrscheinlich nicht ausgehalten. Die Vorteile, die Alberts Stellung mit sich bringt, haben mein Leben erträglich gemacht.

Um es kurz zu machen, all dies wurde mir nur zuteil, weil ich Alberts Frau bin. Eine Zeitlang habe ich mich wirklich in die Gemeindearbeit hineingekniet. Vor allem wenn es darum ging, Gelder zu beschaffen. Geld für die Synagoge selbst, denn wir existieren auf dünnem Eis, uns fehlen jedes Jahr 20000 Pfund. Wir haben zwar viele reiche Gemeindemitglieder, aber die Synagoge ist arm. Manche zahlen ihre Beiträge nicht oder immer noch die geringen Beiträge aus der Zeit, als ihre Berufskarriere am Beginn stand. Die großzügigsten Spenden kommen bezeichnenderweise regelmäßig von einer Dame, die der Gemeinde gar nicht angehört und nicht einmal Jüdin ist. Ich organisierte also Wohltätigkeitsbälle, Filmabende, Konzerte, Dinners und so weiter. Noch heute organisiere ich zweimal im Jahr einen Verkauf von fast neuen Designer-Kleidern, die von Gemeindemitgliedern gespendet werden. (Manche schicken mir ihre Kleider allerdings ungewaschen, was dazu führt, daß diese dann gleich in den Mülleimer wandern.)

Eine Frau kam immer eigens von Schottland angereist, um sich billig mit Modellkleidern einzudecken. Früher „borgte" ich für eine Woche irgendeinen leerstehenden Laden im West-End. Ein bekannter Modephotograph kam regelmäßig und kaufte Unmengen von Schuhen aus den 60er Jahren. Nicht, daß er sie trug, er stellte sie auf sein Kaminsims oder hängte sie an die Wand. Ich habe noch immer eine exquisite Sammlung von unverkauften Ballkleidern im Schrank. Heute findet der Verkauf zweimal im Jahr in der Synagoge statt, denn an leerstehende Läden ist mittlerweile schwer heranzukommen. Es ist auch zuviel Arbeit, alles quer durch London zu transportieren.

Ich beschwere mich nicht über mein Leben als Frau des Rabbiners. Nur, daß alles über Albert kam. Ich habe das Gefühl, daß ich nichts davon selbst verdient habe. Nichts wurde mir gegeben, weil ich ich bin, sondern nur, weil ich als kleine Ehefrau neben Albert hertrottete. Fürchterlich. Die einzige Lösung ist, sich eine eigene Identität zu schaffen. Das war mir schon vor Jahren klar, nur tat ich nichts, um es zu verwirklichen. Zum Glück lief ich anderen Frauen über den Weg, die mich herausforderten und mich zwangen, eine ehrliche Selbsteinschätzung vorzunehmen und mein Leben zu ändern. Das läßt sich mit der Rolle der Rabbinerfrau nicht vereinbaren, man muß sie begraben. Mein Glück ist, daß Albert mir keine Knüppel zwischen die Beine wirft und daß er damit umgehen kann. Viele Männer mögen unabhängige Frauen durchaus, solange es nicht die eigene ist.

Meine engste Freundin, ebenfalls Frau eines Rabbiners,

hat sich zur gleichen Zeit freigemacht. Ich stürzte mich auf Deutschland, sie stürzte sich in die Astrologie. Sie stellt Horoskope aus. Weiter kann man sich vom Rabbinat wohl nicht entfernen. Wenn wir unser Leben noch einmal anfangen könnten, würden wir es anders anfangen. Zum Beispiel würde ich studieren. Vielleicht wurde ich zehn Jahre zu früh geboren. Zum Glück habe ich die Kurve noch gekriegt. Oder bin zumindest dabei. Nur war der Weg dorthin manchmal steinig und schwer.

8
Zu Gast auf Schloß Windsor

Eines Tages im Jahre 1981, Albert lag in der Badewanne, klingelte das Telefon, und ich nahm ab. Es war der 2. April. Wäre es der 1. April gewesen, hätte ich es für einen Scherz gehalten. Denn am Telefon meldete sich Buckingham Palace. Ich raste ins Bad und rief: „Albert, Albert, Buckingham Palace ist am Telefon!" Es war der Hofmarschall. Natürlich lügen diese Leute wie gedruckt, aber was er sagte, war doch sehr nett. Nämlich, die Königin habe von Alberts Werken gehört und wolle uns deshalb auf ihr Schloß Windsor einladen. Natürlich kann der Hofstaat zu einer Königin nicht sagen, daß jemand ihre Einladung ausgeschlagen oder etwas Wichtigeres zu tun hat, und so wird vorher immer höflich angefragt. Wir sagten zu. Und kurz vor Ostern machten wir uns also auf nach Windsor, in einem zerbeulten Ford, denn einen Tag zuvor hatte mich auf dem Supermarkt-Parkplatz jemand angefahren. Ein Freund hatte uns seinen Rolls Royce angeboten, doch wir dachten: Warum nicht mit Beulen, das ist ehrlicher.

Ich hatte mir allerdings die teuersten Schuhe meines Lebens gekauft. Die Stöckel waren so hoch, daß ich kaum stehen konnte. Man hatte uns mitgeteilt, welche Kleiderordnung für den Empfang und das Dinner mit der Königin erwartet wurde. Eine Dame der Gemeinde, Besitzerin einer Mode-Boutique, hatte mir ein passendes schwarz-weißes Abendkleid geschenkt, und eine andere, die eine Juweliergeschäft besaß, die nötigen Juwelen geborgt. Natürlich kann man in dieser Hinsicht mit der Königin nicht konkurrieren, aber man fühlt sich mit etwas Schmuck am Leibe doch besser. Es stellte sich heraus, daß die Schmuckstücke keine Verkaufsobjekte waren, sondern die Privat-Juwelen jener Dame. En passant sagte sie zu mir: „Oh, übrigens, sie sind nicht versichert." Ein echter Maupassant-Horror überfiel mich. Ich dachte an die Frau in jener Kurzgeschichte, die ein Leben lang die verlorene Halskette abarbeitet. Nicht einen Moment lang ließ ich den Schmuck aus den Augen.

Es sollte eine kleine, intime Runde werden, außer der Königin und Prinz Philip nur acht Paare, unter ihnen Margaret Thatcher und ihr Mann, ein paar Botschafter, Robin Leigh-Pemberton, der kurz darauf zum Gouverneur der Bank von England ernannt wurde, nebst Gattin, sowie der Herzog von Atholl. Er ist der einzige Mann in Großbritannien, der sich von Gesetzes wegen eine Privatarmee halten darf. Robin Leigh-Pemberton hatte eigens seinen Ski-Urlaub unterbrochen. Unglücklicherweise war sein Chauffeur, der den Frack zum Schloß bringen sollte, auf der Autobahn wegen zu schnellen Fahrens festgehalten worden, so daß nun unter den Bediensteten jemand gefunden werden mußte, der dieselbe Größe wie der arme Robin hatte. Seine Frau hatte ihr Abendkleid, wie ich, zum Glück im Auto selbst mitgenommen.

Beim Schloß angekommen blickten Albert und ich uns in die Augen und sagten: „Bei der Königin zu Gast – nicht schlecht für zwei Flüchtlingskinder aus Deutschland." Wir fühlten uns wie Aschenputtel beim Ball. Nachdem wir von einer Hofdame begrüßt worden waren, wurden wir in unsere Zimmer geführt. Die beste Suite hatten vermutlich die Thatchers, doch aus unerfindlichen Gründen hatte man Albert und mir die zweitbeste zugewiesen. Sie befand sich im Turm und bestand aus einem wunderschön möblierten Empfangsraum mit Annigoni-Gemälden an der Wand, zwei Schlafzimmern und einem eigenen Bad. Man hatte uns eine Kollektion der neuesten Bestseller hingelegt. Zum Lesen kamen wir allerdings nicht; das Programm war vollgestopft und anstrengend. Zwei Schlafzimmer: Offenbar erwartete man, daß wir getrennt schliefen, was wir dann auch taten, das erste und einzige Mal in unserem Eheleben; wir dachten: Was würden sonst unsere Kammerdiener denken, wenn sie merkten, daß wir ein Bett gar nicht benutzt haben. Schon beim Packen hatte ich darauf geachtet, daß nur Kleider mit Etiketten der besten Modehäuser in unseren Koffern waren (alle von der Gemeinde geborgt), nur damit die Diener nicht merken, daß man vielleicht bei Woolworth einkauft. Eigentlich völlig absurd, was man nur der Diener wegen tut. Sie waren jedoch so diskret, daß ich nie einen zu Gesicht bekam. Mir ein heißes Bad bereiten, das Bett aufschlagen – alles wurde wie von unsichtbaren Geistern getan. Es gibt verborgene Türen, nur für die Kammerdiener.

Das Badezimmer war unglaublich altmodisch, aus viktorianischen Zeiten, die Toilette mit Mahagoni-Sitz. Es dauerte Ewigkeiten, bis ich herausfand, wie man die Wasserspülung betätigt. Da war irgendein versteckter Griff, den man nach oben ziehen mußte. Alles war mit königlichen Monogrammen versehen, und so konnte man bei allen Utensilien wie Badesalzflasche oder Seifenschale sehen, ob sie aus der Zeit Georgs V. oder Georgs VI. oder gar aus der Zeit von Queen Victoria stammten. Ich nahm ein Bad, obwohl ich zwei Stunden zuvor in London noch gebadet hatte. Wieder nur der Diener wegen. Meine geborgten, nichtversicherten Juwelen nahm ich mit ins Wasser; ich durfte sie ja keine Sekunde aus den Augen lassen. Die Cartier-Uhr, ein wunderbares Art-deco-Stück aus den zwanziger Jahren, hielt ich derweil in meiner ausgestreckten Hand, damit sie nicht naß wurde. Als wir uns abends in unsere Zimmer zurückzogen, lief uns auf dem Flur der Herzog von Atholl in die Arme. Er suchte verzweifelt nach einer Toilette. Zu seinem Zimmer gehörte kein eigenes Bad.

Wie immer wurden Albert und ich erst in letzter Minute mit dem Ankleiden fertig und hasteten wie Alice im Wunderland durch die endlosen Schloßgänge zum Empfang, ich in meinen unmöglichen Stöckelschuhen holpernd und stolpernd, und aus den Nischen zischten unsichtbare Geister mir zu: „Schnell, schnell!" Vielleicht war es aber auch bloß Albert.

Ich hatte mir vorher eine Strategie überlegt: Ich wollte still in einer Ecke stehen und die anderen beobachten. Nur wurde mein Plan sogleich über den Haufen geworfen. Man hatte uns gesagt, daß sich zunächst die Gäste im Empfangssaal versammeln würden. Dann würde sich die Tür öffnen und das königliche Paar würde erscheinen. Doch als wir den Saal betraten, war Prinz Philip schon da und empfing uns. Wir wurden vorgestellt, und er fragte mich als erstes, ob ich Frau Thatcher kenne. Ich sagte bloß: „Nein", und damit erstarb die Konversation. Ich wußte nicht, was ich noch hätte hinzufügen können, ich war wie gelähmt. In meinem Plan hatte ich mich auf eine solche Situation nicht vorbereitet.

Das Defilée war schnell beendet, und man stand in kleinen Gruppen herum. Plötzlich merkte ich, wie ein paar kleine Hunde um meine Füße streiften, Corgis, und daraus schloß ich, daß die Königin erschienen sein mußte. In der Tat, sie war es. Sie ging von Gruppe zu Gruppe, begrüßte ihre Gäste, die Herren machten einen Diener und die Damen den Hofknicks. Dabei machte ich in meiner Aufgeregtheit mit dem Stöckel meines Schuhs ein Loch in mein Kleid.

Gott sei Dank war auch der Privatsekretär der Königin anwesend. Er war meine Rettung. Denn er hatte eine Tochter, die in dieselbe Klasse ging wie meine Tochter Ariel. Die beiden nahmen morgens immer denselben Schulbus. Mit ihm entwickelte sich eine „normale" Konversation. Wir sprachen über die Schule und Kinder und über was man eben so redet. Es war das einzige „normale" Gespräch an jenem Abend. Er stellte mich auch Prinz Andrew vor, der gerade mit Aplomb einen Fluglehrgang absolviert hatte. Seine Mutter sei sehr ärgerlich gewesen, erzählte mir der Prinz, weil er es ihr nicht selber erzählt, sondern sie es erst aus der Zeitung erfahren hatte. So hätte wohl jede Mutter reagiert.

Der Bankett-Saal war eigentlich nicht überaus groß. Wir waren insgesamt 32 Personen, die an einem langen, wunderbar gedeckten und geschmückten Tisch plaziert wurden. Außer dem Königspaar die sechzehn geladenen Gäste und dann Leute vom Hofstaat, also der *Crown Equerry,* der *Resident Chaplain,* der Oberhofmeister, der Bibliothekar, und so weiter. In der Mitte saßen sich die Königin und Prinz Philip gegenüber. Der Tisch war so breit, daß man sich mit seinem Gegenüber nicht unterhalten konnte.

Ich saß nur einen Platz von der Königin entfernt. Dem Hofstaat waren die Plätze an den Tisch-Enden zugewiesen worden, und die ganze Zeit über habe ich mir gewünscht, auch dort zu sitzen, denn mit ihnen wäre der Abend viel weniger steif geworden. Dort wurden wenigstens normale, lebhafte Gespräche geführt. Statt dessen hatte ich zu meiner Rechten den *High Commissioner* (Botschafter) der Bahamas, zu meiner Linken den Herzog von Atholl. Beide Herren schienen keinen gesteigerten

Wert darauf zu legen, sich mit mir zu unterhalten. Als wir zu Tisch geführt wurden, gab mir ein *Equerry,* mit dem ich mich sofort ein wenig angefreundet hatte, flüsternd ein paar Informationen über den Herzog, damit ich bei Tisch ein Gesprächsthema hätte, etwa daß er Präsident der Gesellschaft zur Rettung Schiffbrüchiger war. Doch ich hatte wenig Lust, mich über Rettungsboote zu unterhalten. Meine beiden Tischherren haben den ganzen Abend nicht ein einziges Gesprächsthema angeschnitten, kein einziges Mal von sich aus eine Konversation angeregt. Unglaublich – als wenn ich die Gastgeberin wäre und es meiner Aufgabe wäre, sie zu unterhalten. Drei Wochen später traf ich den *High Commissioner* bei einem Empfang in der deutschen Botschaft, und er schien sich an mich nicht einmal mehr zu erinnern. Der Herzog von Atholl war noch schwieriger. Er scheint es als beleidigend empfunden zu haben, neben mir sitzen zu müssen.

Das Essen selbst war sehr dürftig, auch wenn es auf goldenen Tellern serviert wurde und hinter jedem Stuhl ein Lakai in Livrée stand. Vom Arrangement her hätte es nicht anspruchsvoller, üppiger und extravaganter sein können, doch die Speisen waren erbärmlich. Ich selbst könnte dasselbe Menü jederzeit aus meinen paar Vorräten besser zusammenstellen. Der erste Gang war Créme Consommée, und als Hauptgang wurden winzige Lamm-Koteletts aufgetischt, jedes etwa zwei Zoll Durchmesser. Die Königin nahm eins, ich erlaubte mir zwei. Dazu wurde Gemüse gereicht und Avocadosalat. Die Avocados waren so hart, daß man sie nicht essen konnte. Als Dessert gab es *Cherries Jubilee,* den klassischen Nachtisch für Notsituationen, also Vanille-Eis mit Kirschen, die eigentlich mit Kirschgeist flambiert werden müssen. Nicht auf Schloß Windsor. Der Koch hatte einfach eine

Dose Kirschen heißgemacht und über das Eis gekippt: kümmerlich. Wenigstens war der Wein trinkbar. Der Hof hatte freundlicherweise vorher nach unseren Diät-Wünschen gefragt. Gemeint war, ob für uns koscheres Essen gekocht werden müsse. Wir hatten verneint, doch vielleicht hätten wir ja sagen sollen. Für unser englisches Frühstück hatte man allerdings sensiblerweise den *Bacon* vom Menü gestrichen.

Nun war ich ohnehin viel zu aufgeregt, um Unmengen essen zu können. Freunde und Bekannte hatten mir eingeschärft, ich müsse auf jedes Detail achten, noch die kleinste Kleinigkeit registrieren, damit ich hinterher alles haarklein erzählen könnte. Am begierigsten waren alle darauf zu erfahren, worüber ich mich mit der Königin unterhalten habe. Dabei hatte ich mit ihr nur wenige Worte gewechselt, beim Dinner, und dabei ging es um den Verkehr auf der Autobahn von London nach Windsor: sehr aufregend. Ich habe noch nie eine Frau mit weniger Charisma getroffen. Sie hat überhaupt keine Ausstrahlung. Ich mußte mich innerlich in den Arm kneifen, um nicht zu vergessen, daß dies die Königin ist. Und ausgerechnet diese Dinners mit geladenen Gästen waren ihre Lieblingsabende, wie mir der *Equerry* verraten hatte!

Frau Thatcher dagegen verbreitete eine unglaubliche Aura um sich. Ich mochte sie nicht und ihren Mann schon gar nicht, aber ich muß zugeben, daß sie hervorragend aussah, geradezu schön. Doch zugleich war sie sehr kalt, sehr unnahbar, hielt auf Distanz, machte keine Annäherungsversuche. Mehr als die echte Königin hatte *sie* die Ausstrahlung einer Monarchin.

Laut Protokoll hatten die Damen nach dem Dessert „ihre Nasen zu pudern". Ich fühlte zwar kein Bedürfnis danach, aber da alle Damen verschwanden, schloß ich mich ihnen wohl oder übel an. Auch auf diesem Gang zur Toilette entwickelte sich zwischen uns keine Kameraderie. Ich war als erste fertig und kam also als erste zum zweiten Teil des Abends in den Salon. Wenn mir eines in meinem Leben schwerfällt, dann ist es, durch eine Tür zu gehen. Ich bibbere sonst vor nichts, auf der Bühne habe ich kein Lampenfieber, doch in einen Saal allein einzutreten ist ein Alptraum. Ich mußte alle meine Kräfte aufbieten. Der Salon war ein langer Raum mit Kamin, und rechtwinklig vor dem Kamin standen zwei gegenüber angeordnete Sofas. Auf dem einen saß die Königin in ein Gespräch mit Frau Thatcher vertieft, die damals ja noch Premierministerin war. Ansonsten war der Raum noch leer. Am liebsten hätte ich mich sofort wieder verdrückt. Die beiden waren keine normalen Menschen, die ein normales Gespräch führen. In meiner Unsicherheit setzte ich das breiteste Lächeln auf, dessen ich fähig war, und plazierte mich auf das andere Sofa. Die beiden dachten überhaupt nicht daran, ihr Gespräch zu unterbrechen oder mich einzubeziehen. Als die nächste Dame vom *Powder Room* zurückkehrte und mich sah (es war die Frau eines Euro-Kommissars), ging ein Lächeln der Erleichterung über ihr Gesicht. Sie setzte sich dankbar neben mich, und wir stürzten uns in eine sehr angeregte Unterhaltung.

Das Entertainment an diesen Abenden besteht darin, daß in der Schloßbibliothek Schriften und Bücher aus den königlichen Archiven ausgestellt werden, von denen man annahm, daß sie die Gäste interessieren könnten. Für den ungarischen Botschafter zum Beispiel hatte man Dokumente über Ungarn herausgesucht und für Frau Thatchers Ehemann Dennis Schriften über Artillerie. Judaica besitzt Schloß Windsor offenbar nicht viele, und so hatte man Queen Victorias Tagebuch ausgestellt und genau die Seite aufgeschlagen, auf der sie beschreibt, wie sie Moses Montefiore zum Ritter schlug. Dann war da das Tagebuch von König Georg V., wie er in den 20er Jahren Ägypten und Palästina besucht. Und der Oberrabbiner von England hatte bei einem Besuch alte jüdische Gebete für die jeweiligen Monarchen als Geschenk mitgebracht, die waren auch zu sehen. Nicht viel, aber doch faszinierend.

Anschließend führte das Königspaar die Gäste auf einen Rundgang durchs Schloß. Die Königin zeigte uns das Hemd, das Charles I. trug, als er geköpft wurde, doch das Beste waren die wunderbaren Gemälde. Eine unglaubliche Sammlung! Und dann kam der herrliche Moment, als ich plötzlich vor einem Gemälde von Benjamin West stand, das Queen Victoria als junge Prinzessin mit ihren Eltern darstellt, dem Herzog und der Herzogin von Kent. In einem erneuten verzweifelten Versuch, Konversation zu machen, bemerkte ich zu Prinz Philip, daß ich in Kent House lebe (wo sich unsere Wohnung und die Synagoge befinden), und daß jener abgebildete Herzog von Kent es für eine Maitresse gebaut habe. Daraus entwickelte sich zwar kein lauter, aber ein dafür um so unangenehmerer Wortwechsel, denn Prinz Philip bestritt das, was ich sagte. „Doch, wirklich, er hat das Haus für eine Maitresse gebaut!" – „Nein, hat er nicht!" Ich weiß genau, daß ich recht hatte, es war sehr peinlich. Plötzlich schoß es mir wie ein Funke durchs Hirn, daß man Mitgliedern der königlichen Familie keine Widerworte gibt, und meine Augen suchten verzweifelt die Wände ab, um ein Ablenkungsthema zu finden. Da erblickte ich ein Bildnis von Charles II., mein Hirn raste auf Hochtouren, und mir fiel ein, daß Prinz Philip in dem Ruf steht, Juden zu mögen. Ich hatte gerade das Buch von Lady Antonia Fraser über Cromwell gelesen, und sie hatte einen Vortrag über

„Cromwell, Charles II. und die Juden" gehalten, so daß ich bestens informiert war. „Ah, ein Portrait von Charles II.", sagte ich und spulte all mein Wissen ab. Es war ja unter Cromwell, daß die Juden nach England zurückkehren konnten, und Juden hatten Charles II. in Holland Unterschlupf gewährt. Hier befand ich mich auf sicherem Boden, bei diesem Thema gab es keine Stolpersteine.

Jedenfalls ist der Prinz nicht der sympathischste Zeitgenosse. Warum mußte wiederum ich, wie schon mit den Herren bei Tisch, den gordischen Konversationsknoten lösen? Als Gentleman wäre es doch wohl seine Aufgabe gewesen! Dennoch: war es die einzige interessante Unterhaltung an jenem Abend; alles andere erschöpfte sich in Banalitäten. Doch von der königlichen Familie erwartet auch niemand ein intellektuelles Feuerwerk. Zuvor hatte mir der *Equerry,* da ich Interesse gezeigt hatte, einige exquisite Möbel gezeigt. Die Möbel und Gemälde im Schloß waren zweifellos viel interessanter als die Menschen.

Albert aber ist seit jenen Tagen ein überzeugter Monarchist. Wann immer er heutzutage Prinzessin Alexandra trifft, möchte er sie küssen. Eines Tages wird er es tun, aus Überzeugung. Ich war weniger beeindruckt. Aber ich bin eben eine zynische Engländerin.

9
Das verborgene Erbe

Und dann fand ich meine Aufgabe:

Ich habe eine Stiftung gegründet, der ich den Namen „The Hidden Legacy Foundation" („Stiftung des Verborgenen Erbes") gab. Ihr Ziel ist, so abwegig und exotisch das klingen mag, die Rettung und Erforschung von deutschen Landsynagogen und ihren Genisot, ihren „Geheimfächern". Diese Arbeit füllt mich jetzt völlig aus, und sie hat mir einen neuen Lebenssinn gegeben. Doch ich will die Geschichte der Reihe nach erzählen.

Irgendwann, es muß wohl 1985 oder 1986 gewesen sein, wurde mein Interesse an ländlichen Synagogen in Deutschland geweckt. Albert und ich waren in Urlaub in Schwäbisch Hall, eine, wie ich finde, wunderschöne, bezaubernde Stadt und trotz einiger Neonazis eine meiner Lieblings-Kleinstädte in Deutschland. Dort gibt es ein Museum, die Keckenburg. Albert findet nichts langweiliger als Heimatmuseen, aber ich wußte, daß man dort in einem Raum die von Elieser Sussmann im frühen 18. Jahrhundert bemalten Holztäfelungen einer alten Synagoge so rekonstruiert hat, daß der Raum wie die Original-Synagoge aussieht. Und da wir uns überall alles ansehen, was jüdisch ist, gelang es mir, ihn hineinzulokken.

Vor dem Krieg gab es noch mindestens vier derartige Synagogen in Deutschland. Die in Bechhofen wurde von den Nazis zerstört, die von Horb am Main befindet sich heute im Jerusalemer Israel-Museum, und die bemalten Holztafeln der Synagoge von Kirchheim/Teck wurden während des Krieges im Fränkischen Museum zu Würzburg eingelagert. Ironischerweise wurde das Museum von einer Bombe getroffen.

Wir waren begeistert von der Synagoge in Schwäbisch Hall, obgleich der Museums-Kustos eine Quelle reinster Fehlinformation war. Ich beschloß, mehr über die Juden von Schwäbisch Hall herauszufinden. Ich ging in eine Buchhandlung, doch über jüdische Geschichte hatten sie dort nichts. Ich bat das Leo-Baeck-Institut in London, mir weiterzuhelfen, ohne Erfolg. Im New Yorker Leo-Baeck-Institut dagegen spürte ich jemanden auf, der mir eine Menge erzählen konnte. Er gab mir Bücher und Hinweise, wo ich weitersuchen könnte. Und so fand ich allmählich heraus, daß es in der Gegend um Schwäbisch Hall sehr viele jüdische Landgemeinden gegeben hatte.

Irgendwoher kam mir die Idee, einen Reiseführer über jüdische Spuren in Süddeutschland zu schreiben. Albert empfahl, sich auf die Romantische Straße zu konzentrieren, genauer: einen zehn Kilometer breiten Streifen beiderseits der Straße, und so machte ich es. Ich reiste von Dorf zu Dorf und nahm meine Tochter Ariel mit, die damals als Fußball-Fotografin arbeitete; sie sollte die Fotos machen.

An dieser Stelle muß ich ein Wort über jüdische Friedhöfe in Deutschland sagen: Sie sind, im Unterschied zu denen in England, sehr romantisch. Bei christlichen Friedhöfen verhält es sich genau umgekehrt: die in England sind romantisch, die in Deutschland nicht, vermutlich deshalb, weil in Deutschland die meisten Gräber auf christlichen Friedhöfen alle zwanzig oder fünfundzwanzig Jahre eingeebnet werden. Jüdische Gräber müssen auf alle Zeit bewahrt werden. Da Juden lange Zeit kein Land oder zumindest kein gutes Ackerland erwerben durften, liegen ihre Friedhöfe oft an Berghängen. Wenn sie nicht von den Nazis verwüstet wurden, sind sie mittlerweile verwildert und haben eine wunderschöne Flora. Manche sind mit Butterblumen überwuchert, andere mit weißem Wiesenkerbel oder wilden Nelken und wieder andere mit wilden Erdbeeren. Auf einem Quadratmeter kann man unzählige verschiedene seltene Pflanzen entdecken. Ein Friedhof lag neben einem Kirschgarten, ein anderer stand voller Pflaumenbäume, und das allein ist schon faszinierend zu sehen.

1986 fand dann in Krefeld eine Konferenz über jüdische Friedhöfe statt, die bisher einzige zu diesem Thema in Deutschland. Die Leute kamen in Scharen. Ein alter Freund, der Leiter der Katholischen Akademie in Aachen, Hans Hermann Henrix, hatte mich mit großer Überredungskunst ebenfalls hingelotst: „Du mußt unbedingt kommen", sagte er, „du wirst interessante Gesprächspartner finden." Und ich hatte das große Glück, dort den Düsseldorfer Historiker Falk Wiesemann, den Pfarrer Joachim Hahn und den Leiter des Kulturzentrums der ehemaligen Synagoge Freudental, Ludwig Bez, kennenzulernen, Menschen, die später in meinem Leben eine große Rolle spielen sollten. Joachim Hahn arbeitete gerade an einem wissenschaftlichen Buch über jüdische Gemeinden in Baden-Württemberg. Er hatte sämtliche Archive abgegrast und jedes jüdische Haus und seine Bewohner identifiziert. Joachim stellte mir alle seine Dokumente zur Verfügung. Er war unglaublich großzügig.

Ariel und ich reisten noch ein weiteres Mal nach Deutschland, um für den Reiseführer noch die letzten Fotos zu machen. Da wir schneller als gedacht damit fertig wurden und uns noch ein paar Tage blieben, machten wir einen Abstecher ins unterfränkische Hinterland. Es war Liebe auf den ersten Blick. Die Landschaft, die Dörfer und überall verstreut Landsynagogen. Faszinierend war die Erkenntnis, daß man südlich von Würzburg an einer beliebigen Landstraßenkreuzung stehen kann, und in jeder Blickrichtung befindet sich nicht weiter als zwanzig Kilometer entfernt eine Landsynagoge. Es ist, als befände man sich an der Nabe eines Rades. Ich fand das sehr aufregend. Ich hatte bis dahin ja keine Ahnung, daß es eine solche Welt je gegeben hatte. Ich wußte nicht, daß in Deutschland auch Landjuden gelebt hatten.

Wir machten unsere Fotos, und irgendwann nahm ich all meinen Mut zusammen und klopfte an Türen und sprach mit Leuten. Immer wenn ich sie fragte, ob es in der ehemaligen Synagoge denn noch irgend etwas zu sehen gäbe, sagten sie nein. Dabei war ich gar nicht auf große Dinge aus; ich war schon zufrieden, wenn es noch kleinste Kleinigkeiten zu sehen gab, und wenn es nur ein bißchen ornamentale Malerei an der Wand war.

Mit vielen guten Worten gelang es mir dann, in die Gebäude eingelassen zu werden. Ich suchte etwa, ob es im Keller früher eine Mikwe gegeben hatte, ein rituelles Bad. Denn ich hatte von einer alten Frau in Bad Wimpfen gehört, die darüber geklagt hatte, daß ihr Keller immer so feucht sei. Und es hatte sich herausgestellt, daß dort tatsächlich eine mittelalterliche Mikwe gewesen war und das Grundwasser noch immer hindurchlief. Etwa um jene Zeit hatte man auch in Rothenburg ob der Tauber eine mittelalterliche Mikwe entdeckt. Die zweite Hälfte der 80er Jahre war überhaupt eine große Zeit solcher Entdeckungen.

Vor 1988 sind nur wenige Synagogen restauriert worden. Sie waren nach 1938 zu Scheunen, Speichern, Wohnhäusern, oft Feuerwachen umfunktioniert worden; nach dem Krieg mancherorts auch zu Kinos, Restaurants,

Jugendherbergen oder gar Diskotheken. Von außen konnte man ihnen die ehemalige Synagoge kaum ansehen, höchstens daß die Form der Fenster etwas verriet: Etwa wenn an der Ostwand ein rundes Fenster ist, der Okulus, unter dem sich die Bundeslade befunden hatte, oder durchbrochene Bogenfenster. Manchmal waren die Gebäude auch etwas höher als die anderen Häuser, aber ansonsten waren sie sehr schlicht und keineswegs auffallend.

Viele Leute, die eine Synagoge besitzen, erzählen mir sehr aufgebracht, daß sie sie zweimal kaufen und zweimal dafür bezahlen mußten. Offenbar wurden manche Kaufverträge aus der Zeit der sogenannten Arisierung jüdischen Eigentums nach dem Krieg nicht anerkannt, und so mußte das Gebäude neu erworben werden. In manchen ländlichen Gemeinden waren die Synagogen auch bereits um die Jahrhundertwende rechtmäßig verkauft worden, entweder weil sie zu klein oder weil sie zu groß geworden waren, wenn Gemeindemitglieder im Zuge der Industrialisierung in größere Städte abgewandert waren. So verhielt es sich zum Beispiel in Pflaumloch nicht weit von Nördlingen. Der Gemeinde-Vorsteher Elias Pflaum war ein Bankier, er zog nach Stuttgart und überließ die Pflaumlocher Synagoge der Kommune 1906 als Rathaus. Das ist mal eine gute Story.

Die anderen Synagogen wurden 1938 in der sogenannten Kristallnacht verwüstet und anschließend konfisziert. Manche jüdischen Gemeinden wurden gezwungen, die Gebäude zu einem lächerlich geringen Preis an die Kommune zu verkaufen. Diese wiederum nutzte das Gebäude selbst oder verkaufte es weiter an eine Privatperson. Einige jüdische Gemeinden existierten nominell noch bis 1942. Aber dann machten die Deutschen offiziell und endgültig Schluß. Nach dem Krieg gab es also keine ländlichen jüdischen Gemeinden mehr. Bei all meinen Reisen habe ich nur von einem einzigen Juden gehört, der angeblich in sein Dorf zurückgekehrt sein soll.

Wenn ich in einem Dorf ankam, sah ich mich gewöhnlich nach irgendeinem alten Mann um, denn ich hatte festgestellt, daß alte Männer auf den Straßen umherschlenderten, während alte Frauen in den Fenstern lagen. Immer wieder ist es mir passiert, daß, wenn ich einen solchen Mann fragte, wo denn die Synagoge gewesen sei, er mir in hastiger Bemühtheit erwiderte, er sei niemals Parteigenosse gewesen. Das hatte nun mit meiner Frage wenig zu tun. Zunächst hatte ich angenommen, daß die Judenhäuser am Rande des Dorfes liegen müßten, weil man sicherlich die Juden dorthin abgedrängt hatte. Doch ich lernte sehr bald, daß ich meine Suche in der Dorfmitte bei der Kirche beginnen mußte, denn zumeist war die Synagoge nicht weit davon entfernt.

Oft bestanden die (nicht immer alten) Männer darauf, mich zu begleiten. Vielleicht hätte ich Angst haben sollen, zu wildfremden Menschen ins Auto einzusteigen, doch mir ist nie etwas passiert. Das einzige Problem war manchmal, sie wieder loszuwerden. Sie wollten sich unterhalten, luden mich zum Bier ein und dergleichen. Dann erzählten sie mir, wie sehr sie sich für Juden eingesetzt hätten, ihnen heimlich Essen gebracht, daß ihre Frau oder Mutter bei Juden als Putzfrau angestellt gewesen sei, daß deren Häuser immer makellos sauber gewesen seien (was ich nicht ganz glauben kann), und daß sie ihre jüdischen Nachbarn inniglich geliebt hätten, ebenso ihre jüdischen Schulkameraden, und wie sie die Zöpfe eines jüdischen Mädchens ins Tintenfaß getaucht hatten. Sie alle hatten aus ihrer Kindheit kaum verblaßte Erinnerungen an jüdische Feste, an die Laubhütten und das Mazzebrot zum Passahfest.

Es klang wie die Schilderung eines versunkenen goldenen Zeitalters, unterlegt mit Schuldgefühlen und mit dem Bedürfnis, das, was danach kam, zu verdrängen, indem man zu der angeblichen Idylle davor zurückkehrt. Ein Mann, der mich zu einem Friedhof begleitete, konnte sich an fast alle der dort in den 30er Jahren begrabenen Juden noch erinnern. Von vielen Erzählungen habe ich allerdings oft nur die Hälfte verstanden. Mein Deutsch ist nicht schlecht, aber den fränkischen Dialekt zu verstehen ist mir ziemlich unmöglich. Ich wollte die Geschichten auch gar nicht alle hören, denn erstens bin ich keine Soziologin und zweitens war ich nicht dort, um den Leuten die Absolution zu erteilen, die sie offensichtlich erwarteten.

Meine Nachforschungen öffneten mir die Tür zu einem Teil Deutschlands, für den ich mich sonst nie interessiert hätte. Und da dieses Gebiet an der Grenze zur DDR lag und vierzig Jahre lang an Investitionen nicht viel mitbekommen hatte, sah es Ende der 80er Jahre dort noch so aus, wie es wohl in den 30er Jahren ausgesehen haben muß.

Ich interessierte mich auch für Hochzeitssteine. In Süddeutschland wurden Hochzeiten gewöhnlich im Freien abgehalten, im Synagogenhof. Teil der Zeremonie war, ein Glas an der Synagogenmauer zu zerschmettern, wohl eine abergläubische Geste, die mit Poltergeist und Polterabend und dem Vertreiben böser Geister zu tun hat. Später fügte man vielerorts an der Synagogenmauer einen besonderen Stein ein, eben den Hochzeitsstein, gegen den das Glas geworfen wurde. Eingraviert in den Stein war das Wort „Masseltov", also Glück, und der Jeremiah-Spruch, der zur Trauungszeremonie gehört: „Freuden- und Wonnerufe, Jubel des Bräutigams und Jubel der Braut" (Jer 33, 11). Ich war also auf der Jagd nach solchen Steinen, von denen es vielleicht noch etwas mehr als zwanzig gibt.

Wieder einmal, wie jedes Jahr, machten Albert und ich 1988 Ferien in Münstertal im Schwarzwald. Das Wetter war entsetzlich, es goß die gesamten drei Wochen lang, wie aus Kübeln. Anschließend wollten wir eigentlich für ein paar Tage nach Unterfranken fahren, doch angesichts der sintflutartigen Regenfälle beschlossen wir, uns auf den Heimweg zu machen. Und als wir nicht weit vom Autobahnkreuz Weinsberg (bei Heilbronn) waren, wo es nach Würzburg abgeht, klarte es plötzlich auf, die Sonne kam heraus, und so fuhren wir doch nach Unterfranken. Das war mein persönlicher Stern von Bethlehem, der mich in meine Zukunft leitete. Ich wollte mir einen Hochzeitsstein in Memmelsdorf ansehen. Die Leute, denen die umgewandelte Synagoge gehörte, wohnten gleich nebenan, es war die Familie Böhm, und sie war sehr freundlich.

Herr Böhm war ein Baumeister um die Fünfzig, und es stellte sich heraus, daß seine Mutter tatsächlich Putzfrau in einem jüdischen Haushalt gewesen war. Er hatte sich hochgearbeitet, besaß ein schönes Haus, und sein Sohn Udo ging als erster im Dorf auf die Universität. Mir gefiel dieser Mikrokosmos sozialen Aufstiegs. Herr Böhm hatte die Synagoge in den 60er Jahren gekauft und benutzte sie als Abstellraum. Die Frauenempore (Frauen durften ja nicht unten bei den Männern sitzen) hatte er zu einem Party-Raum umgestaltet, die Durchblicke und die Treppe nach unten mit Holzpaneelen abgedeckt. Das könnte man aber leicht rückgängig machen. Das einzige, was er zerstört hatte, war das Lesepult. Es war im Wege, denn es stand, wie in allen orthodoxen Synagogen, in der Mitte und war aus Stein. Er entschuldigte sich dafür wieder und wieder. Ansonsten war in dieser Memmelsdorfer

Barock-Synagoge aus dem Jahre 1729 noch alles vorhanden, wenn auch nicht restauriert, einschließlich des Original-Gitters am Fenster mit einem schmiedeeisernen Hahnenfuß-Ornament, und eines Schluß-Ziegels mit doppelköpfigem Adler.

Irgendwann erzählte Herr Böhm, daß Udo, als er 15 war, auf dem Speicher unter den Fußbodenbrettern einige Fetzen Papier mit hebräischen Buchstaben gefunden hatte und fragte uns, ob wir daran interessiert seien, sie anzusehen. Das war das erste Mal, daß ich von einer deutschen Genisa hörte. Diese Entdeckung hat mein Leben total umgekrempelt, sie war der absolute Wendepunkt meines Lebens. Alles andere war nur Vorbereitung.

Ich hatte zwar inzwischen alles Material für meinen Reiseführer beisammen, doch ich kam zu dem Schluß, daß es das langweiligste Buch unter der Sonne werden würde. Es wurde nie gedruckt, aber die Arbeit daran war für mich die Hinführung auf das eigentlich Bedeutsame.

Genisa bedeutet zu deutsch Versteck. Dabei ging es nicht darum, etwas vor den Nazis zu verbergen, sondern es ist eine uralte jüdische Tradition. Sie hat mit Büchern zu tun. Mit Texten, die den Namen Gottes enthalten, muß man in würdiger Weise umgehen. Wenn sie unansehnlich oder unbrauchbar werden, darf man sie nicht verbrennen oder einfach wegwerfen, sie bleiben heilige Gegenstände. Also begrub man sie, und oft hat man sie unter dem Sarg eines Mannes (nie einer Frau) mitbegraben, was für den Toten eine große Ehre bedeutete, denn es zeigte, daß er ein hochgebildeter Mann gewesen war.

Gerade in Süddeutschland hat man die heiligen Bücher häufig in der Synagoge selbst „versteckt“, entweder auf dem Speicher unter dem Fußboden verborgen und mit Schutt bedeckt oder in dem Hohlraum zwischen innerer Kuppel des Kultraums und dem äußeren Walmdach, oder, wie in Hüttenheim, in einem geheimen Fach in der Wand, das mit Mörtel überdeckt und überstrichen wurde. Wann man mit dieser Praxis begann, ist unklar. Wenn ich Süddeutschland sage, muß ich vorsichtig sein, denn in letzter Zeit sind Genisot auch weiter nördlich gefunden worden. Die am dichtesten von Landjuden besiedelten Gebiete befinden sich aber zweifellos in Süddeutschland (Franken und Schwaben).

Es fing also mit Gebetbüchern und Bibeln an, dann kamen Torahwimpel, Torahmäntel, Teile von Torahvorhängen, Gebetsriemen und ihre Beutel sowie alle möglichen Artefakte hinzu. Die Torahrollen selbst wurden jedoch immer an einem bestimmten Platz des Friedhofs begraben, so daß sich in den Genisot allenfalls Fragmente von Torahrollen finden. Ferner wurden auch profane Texte (viele in Jiddisch) sowie Kaufverträge, Eheverträge, gedruckte Hochzeitseinladungen, Passierscheine, Lotteriezettel, Hüte und Schuhe entdeckt.

Das gesamte Genisa-Material aus mittelfränkischen Synagogen wurde in Fürth zusammengetragen. Es liegt, in Schachteln verpackt, im dortigen jüdischen Gemeindehaus, wo bald ein jüdisches Regionalmuseum entstehen soll. Unter jenen Objekten fand ich eines Tages auch Notenblätter mit liturgischer Sabbath-Musik von Salomon Sulzer und seltsamerweise auch ein Buch mit deutschen Volks- und Weihnachtsliedern (!), was für eine Genisa wohl einmalig ist.

Auch für die vielen Schuhe gibt es bislang keine Erklärung. Lange Zeit habe ich nur einzelne Schuhe gefunden, aber 1994 entdeckte ich leider auch ein Paar. Leider, weil damit meine schöne Theorie in sich zusammenbrach. Ich hatte nämlich eine Theorie entwickelt, die mit der sogenannten Halitsa (Chaliza) zusammenhängt.

Früher war es so, daß, wenn ein Mann ohne männlichen Erben starb, sein Bruder die Witwe heiraten mußte. Diese sogenannte Schwager- oder Leviratsehe gründet sich auf die Torah (5. Mose 25, 5–10). Und in 1. Mose 38 ist ein praktischer Fall geschildert. Judas ältester Sohn ist mit Thamar verheiratet. Da er kinderlos stirbt muß Onan, der Zweitälteste, Thamar heiraten. Das tut er aber nicht und stirbt, als Strafe. Dabei bietet 5. Mose 25 eine (wenn auch komplizierte) Zeremonie an, genannt Halitsa, mittels derer sich der jüngere Bruder „aus der Schlinge ziehen" kann. Und in dieser Halitsa spielt ein einzelner Schuh eine wichtige Rolle. Der Verweigerer wird vor die Stadtältesten gerufen, und diese reden ihm ins Gewissen. Wenn er trotzdem auf seiner Weigerung besteht, so wird er schließlich von der Ehepflicht entbunden. Dann „soll aber seine Schwägerin zu ihm treten vor den Ältesten und ihm den Schuh vom Fuß ziehen und ihm ins Gesicht speien" (Vers 9). Und zwar vom rechten Fuß, denn der rechte Fuß verkörpert die Macht eines Menschen. Wird einem Menschen der rechte Schuh ausgezogen, ist er barfüßig und verächtlich: „So soll man tun einem jedem Mann, der seines Bruders Haus nicht bauen will. Und sein Name soll in Israel heißen ‚des Barfüßers Haus'" (5. Mose 25, 9–10). Das hebräische Wort „Halitsa" bedeutet denn auch wörtlich nichts anderes als „ausziehen". Später aber war die Verweigerung mittels Halitsa nicht mehr die verächtliche Ausnahme, sondern wurde zur Regel; man kam von der Schwagerehe ab. Doch der Ritus als solcher blieb bestehen.

Dies schien mir die Erklärung dafür zu sein, warum sich so viele einzelne Schuhe in den Genisot fanden. Doch dann entdeckte ich auch immer mehr Babyschuhe, und das unterminierte meine Theorie ebenfalls. Ich habe also für die einzelnen Schuhe bis heute keine Erklärung gefunden.

In der Memmelsdorfer Synagoge befand sich die Genisa unter den Fußbodenbrettern des Speichers und war mit Schutt bedeckt. Familie Böhm hatte den Fund der jüdischen Gemeinde von Würzburg angeboten, doch die zeigte sich nicht interessiert – eine typische Geschichte. Immerhin kam jemand vom Jerusalemer Schocken-Institut, um sich die Dinge anzusehen und sie zu identifizieren. Dann wurden sie in Säcken verstaut und führten einen Dornröschenschlaf auf dem Dachboden.

Kein einheimischer überlebender Jude hatte nach dem Krieg jemals die alten Synagogen-Gebäude und ihren Inhalt zurückgefordert. Es gab dagegen auswärtige Juden, meist amerikanische, etwa Soldaten der Besatzungsarmee, die Anspruch auf jüdische Artefakte erhoben. Ich erfuhr von solchen Fällen, wenn ich gelesen hatte, daß irgendein Heimatmuseum Judaica besaß, und ich dorthin schrieb, um mehr darüber herauszufinden. Wiederholt wurde mir dann mitgeteilt, man habe die Objekte einem Amerikaner ausgehändigt, der sich als Jude vorgestellt habe. Ob die Motive dieser Leute nun verwerflich waren oder nicht, kann ich nicht sagen. Manche mögen die Dinge als persönliche Schätze mit nach Hause geschmuggelt haben, doch viele konnten einfach die Vorstellung nicht ertragen, daß jüdische Dinge in deutschen Händen waren.

Mir selbst ist diese Ansicht begegnet, als Juden hier in England mich beschworen, sämtliche Genisa-Objekte in einer „Rettungsaktion" aus Deutschland wegschaffen zu lassen. Ich bin in dieser Sache ganz anderer Ansicht. Wenn ich genügend Macht und Geld hätte, würde ich dafür sorgen, daß die Dinge dort bleiben, wo man sie findet, daß sie katalogisiert, konserviert und zugänglich gemacht werden. Um es ganz deutlich zu sagen: Meiner Meinung nach ist es sehr wichtig, daß jüdische Dinge in

Deutschland bleiben. Das würde natürlich bedeuten, sämtliche Synagogen zu retten. Egal, wie unansehnlich, wie häßlich, wie wertlos sie sind (und viele haben zweifellos geringen architektonischen Wert) – ich würde sie trotzdem alle retten. Denn an ihnen zeigt sich, daß Juden entgegen verbreitetem Volksglauben durchaus nicht alle reich waren. Diese Landjuden waren genauso arm wie ihre deutschen Nachbarn, wenn nicht ärmer. Was sie vor ihnen auszeichnete, war, daß sie allesamt lesen und schreiben konnten. So haben sich in den Genisot viele sogenannte Weiberbibeln und speziell für Frauen gedruckte Fabelbücher gefunden, was beweist, daß auch die Frauen zumindest lesen konnten.

Jedenfalls verspürte ich den Drang, mich um die fränkischen Genisot zu kümmern. Familie Böhm in Memmelsdorf wollte verständlicherweise nichts weiter unternehmen, um ja nichts falsch zu machen. Dann hörte ich ein Gerücht, wonach die Familie die Genisa verkaufen wollte. Ich fand jemanden, der bereit war, sie zu erwerben, und zwar war es der bekannte Ökologe und „Konservator" Teddy Goldsmith, der Bruder von James, dem britisch-französischen Multimillionär. Doch die Familie war vorsichtig, sie wollte nur über das Landesamt für Denkmalschutz verhandeln.

Um diese Zeit besuchte ich wieder einmal eine Konferenz in Deutschland über jüdische Altertümer, und wer war der Hauptredner? Eben jener verantwortliche Herr vom Würzburger Amt für Denkmalschutz, ein gewisser Dr. Ludwig Wamser. So ist es mir immer ergangen: Wenn immer ich jemanden brauchte, lief ich ihm über den Weg, wie durch eine Fügung des Schicksals. So auch diesmal.

Ich kehrte zurück nach Memmelsdorf, doch inzwischen hatte sich die Situation verändert. Ja, sie habe beabsichtigt, die Genisa zu verkaufen, sagte Familie Böhm, doch nun wolle man sie mir überlassen, da ich der erste jüdische Mensch sei, der sich um die Genisa gekümmert habe. So viele Leute seien schon gekommen, hätten sich die Dinge angesehen, schöne Reden geführt, und am Ende doch nichts getan. Niemand wollte mit Genisot etwas zu tun haben, niemand interessierte sich für sie, als wenn es Waisenkinder wären.

Mir kam es darauf an, die Objekte an einen sicheren Ort zu bringen. Die Genisa von Veitshöchheim war in die Würzburger Residenz verbracht und dort zunächst im Keller gelagert worden. Dr. Wamser meinte, es sei das Beste, auch die Memmelsdorfer Genisa nach Würzburg zu bringen, er wolle sich darum kümmern. Familie Böhm, Dr. Wamser und ich kamen schnell zu einer Einigung, doch nichts wurde schriftlich festgehalten. Wir traten in Verbindung mit dem Staatsarchiv, doch dort brach seltsamerweise Panik aus. Etwas Jüdisches wollte man nicht haben: „Nein, wir haben alle unsere jüdischen Codices der Staatsbibliothek in München übergeben", sagte man uns. So landete die Genisa statt im Staatsarchiv als Dauerleihgabe im Würzburger Stadtarchiv.

Bei dieser Gelegenheit organisierten wir eine kleine Ausstellung mit Pressekonferenz. Eine Frau kam auf mich zu und drückte ihr großes Erstaunen aus. Sie hatte von der Genisa und mir gehört und sich vorgestellt, daß ich eine schwerreiche alte Frau sein müsse. Ein Irrtum in jeder Hinsicht. Ein wunderbarer Mann namens Hermann Süß hat nach und nach alle Objekte katalogisiert. Er hatte bereits an der Sammlung von Veitshöchheim gearbeitet, und ich muß hier ein gutes Wort für ihn einlegen, denn in Deutschland, wo Titel alles gelten, wird er nicht anerkannt, weil er kein Akademiker ist. Dabei hat dieser außergewöhnliche Mann und Autodidakt (kein Jude übrigens) eine erstaunliche Kenntnis und überragende Fähigkeiten als Bibliograph. Hauptberuflich ist er Bahnwärter. Leider wurde mir seine wunderschöne, romantische Geschichte unlängst ein kleines bißchen, verwässert, als ich erfuhr, daß er Lehrer gewesen war, bevor er zur Bundesbahn ging, und daß er noch früher für die amerikanische Armee gearbeitet hatte, was sein makelloses Englisch erklärt. Und doch: Ich bin voller Bewunderung und halte große Stücke auf ihn. Ich habe auf meinem Weg so manche andere Mitarbeiter dadurch verloren, daß sie von Akademikern beiseite gedrängt wurden. Ich versuche, diese Ausgestoßenen zurückzugewinnen, denn ich glaube, daß sie viel beitragen können. Sie sind wie Steine in einem Mosaik: Jeder ist wichtig. Ich verliere nicht gerne Freunde oder Bekannte.

Ich habe dann immer wieder Objekte mit nach London genommen, um sie beim Institut für Textil-Konservierung in Hampton Court Palace restaurieren zu lassen, und ich habe jedesmal ein offizielles Papier unterschrieben, welches diesen Akt dokumentiert. Ich muß das anmerken, denn gewisse Leute haben mich des Diebstahls beschuldigt. Manche Artefakte sind nämlich inzwischen verschwunden, und aus alten Büchern hat irgend jemand die Titelseiten herausgetrennt. Um so wichtiger ist es, daß alles in sichere Hände kommt.

Das Institut von Hampton Court Palace ist eine Schule für Konservatoren und Teil des Courtauld Institute. Damit ist es wiederum Teil der Londoner Universität, man kann dort also einen akademischen Grad erwerben. Zugleich ist es eines der besten Konservierungszentren in Europa und weltberühmt. Einer seiner besten Kunden ist das Britische Museum. Die Experten dort schätzen mich und die Arbeit, die ich ihnen bringe, denn die Museen schicken ihre Objekte einfach mit der Post, während ich mich persönlich blicken lasse und Interesse zeige. So führt man mich jedesmal stolz herum. Unlängst zeigte man mir zum Beispiel ein paar prä-kolumbianische Textilien und das Kostüm einer ägyptischen Tänzerin, genauer gesagt: die Überbleibsel. Es waren eigentlich nur Perlen, und um herauszufinden, wie sie wohl zu einem Kleid verbunden waren, hat man als Test Makkaroni miteinander verknüpft.

Das Institut hat sich sehr großzügig gezeigt, insofern man mir sehr maßvolle Rechnungen ausstellte. Für einige Arbeiten hat man überhaupt nichts berechnet, da ich mich bereit erklärte, sie von Studenten unter peinlichst genauer Aufsicht ausführen zu lassen, als Lehrmaterial sozusagen. Gewöhnlich kosten solche Konservierungsarbeiten ein Vermögen. Vor zwei Jahren hat die englische Kaufhaus-Kette *Marks & Spencer* ein Stipendium für die Konservierung jüdischer Textilien gestiftet, wovon auch die deutschen Genisot profitieren. Mir gefällt es, daß diese kleinen, armseligen Fetzen aus der hintersten deutschen Provinz im berühmten Institut von Hampton Court Palace restauriert werden.

In Memmelsdorf wurde die Geschichte mittlerweile umgeschrieben. Man gründete einen Förderverein, der die Synagoge kaufen will. Von zentraler Bedeutung für das gesamte Projekt ist natürlich, daß die Genisa zurückkehrt. Da es keinen schriftlichen Vertrag gibt, in dem ich als Empfängerin genannt werde, müssen sich das Stadtarchiv Würzburg und der Förderverein nun irgendwie ohne mich einigen.

Mancher mag sich darüber wundern, daß die Synagogen in den fränkischen Dörfern zum großen Teil noch existieren, jedenfalls die Gebäude. Man denkt immer, fast alle Synagogen seien in der Kristallnacht angezündet worden. Laut offizieller Statistik, d. h. laut Nazi-Statistik wurden am 9. November 1938 in ganz Deutschland 191 Synagogen zerstört. Wenn man die verwüsteten hinzurechnet, waren es aber mehr als 1500. Vollständig zerstört wurden zumeist „nur" die städtischen Synagogen. Denn die ländlichen befanden sich, wie gesagt, im Dorfkern in so unmittelbarer Nähe anderer Häuser, daß man sie nicht niederbrennen konnte, ohne die Nachbarhäuser zu gefährden. Auf den Dörfern begnügte man sich deshalb damit, das Innere zu verwüsten. Die Synagogen, die unversehrt blieben, machen wahrscheinlich nicht einmal ein Prozent aus. Ein Beispiel ist Ansbach. Dort schlug der Bürgermeister mit der Axt symbolisch in eine Säule, und damit konnte man melden, daß man einen Angriff auf die Synagoge unternommen hatte.

Viele Leute in den Dörfern versicherten mir, daß sie „ihre" Synagoge nicht angerührt hätten. Das ist eine Wahrheit, die wesentliches ausspart. Was offenbar passierte, war, daß die Einwohner von Dorf A die Synagoge im Nachbardorf B verwüsteten, die von Dorf B die Synagoge im Nachbardorf C und so weiter. Das Bild, das mir die fränkischen Bauern von sich als immer schon judenfreundlichen Menschen malten, ist also mit etwas Vorsicht zu genießen.

Als dann der 50. Jahrestag der Kristallnacht heranrückte, war es vielen Dörfern peinlich, wie sehr ihre ehemaligen Synagogen verkommen waren, und sie entschieden, etwas für ihre Restaurierung zu tun und sie in Gedenkstätten umzuwandeln. Bei den Restaurierungsarbeiten wurden dann zur großen Überraschung aller Beteiligten in vielen Synagogen Genisot gefunden.

Der sensationellste Fund einer Genisa wurde in Veitshöchheim gemacht, als die ehemalige Synagoge zu einer Kunstgalerie umgebaut werden sollte. Kurz nach dem Krieg hatte man sie zur Feuerwache gemacht, einen Betonfußboden gelegt, so daß das Feuerwehrauto hineinfahren konnte, und den Hohlraum darunter mit Schutt ausgefüllt. Nun wurden der Beton und der Schutt wieder entfernt. Letzterer sollte auf die Müllkippe gebracht werden. In allerletzter Minute kam der genannte Dr. Wamser vom Landesamt für Denkmalschutz vorbei, entdeckte Papierfetzen mit hebräischen Buchstaben und fand heraus, daß der Schutt aus nichts anderem bestand als den zerschlagenen Torahschrein, dem zerschlagenen Pult, der zerschlagenen Kanzel und den zerschlagenen steinernen Ornamente wie Löwen und Vasen sowie dem steinernen Waschbecken. Die Stücke stammten aus dem 18. Jahrhundert. Es wurde klar, daß man hier einen wahren Schatz vor sich hatte, und die Stadt beschloß, die Synagoge nicht mehr zu einer Kunstgalerie umzubauen, sondern sie zu restaurieren.

Dann sollte das Nachbarhaus abgerissen werden, doch auf dem Dachboden fand man bemalte Holzpaneele, die offenbar für eine Laubhütte angefertigt worden waren, und so wurde auch dieses Haus gerettet und sogar erweitert. Heute ist es ein Museum.

Ich habe bei meinen zahlreichen Reisen immer viel Zeit auf Flughäfen verbracht, wo man nichts anderes tun kann als nachzudenken, und es war eines Tages im Jahre 1988, während ich auf dem Londoner Flughafen Heathrow auf meine Maschine wartete, daß mir plötzlich die Idee kam, eine Stiftung zur Erforschung und Erhaltung von Synagogen und ihren Genisot zu gründen. Und auch hier war es wie immer: wenn ich jemanden brauchte, lief er mir über den Weg. Ein Anwalt namens Martin Paisner wußte von einer bereits registrierten Stiftung, die Lord Young zugunsten der Jerusalemer Archive gegründet hatte. Die Stiftung war jedoch noch gar nicht aktiv, da er überraschend von Frau Thatcher zum Kabinettsminister ernannt worden war und sich daher um dieses Projekt nicht mehr kümmern konnte. Lord Young war sofort damit einverstanden, daß ich seine Stiftung – mit anderem Stiftungszweck – übernahm, und so brauchte ich mich nicht mit dem langwierigen Registrierungsprozeß herumzuschlagen; innerhalb von zwei Wochen hatte ich meine Stiftung.

Lord Young wollte nicht im Stiftungsrat sitzen, aber die beiden anderen Personen übernahm ich von ihm: einer war Martin Paisner selbst, der andere David Patterson, damals Präsident des Centre for Postgraduate Hebrew Studies in Oxford. Ich war begeistert. Der dritte im Rat wurde mein Mann Albert. Geld hatten wir keines, abgesehen von den hundert Pfund, die ich zahlte und die man bei Registrierung einer Stiftung hinterlegen muß. Martin bot sich an, ein Stiftungskonto bei der Lloyds Bank in Pall Mall zu eröffnen. Und so ließ sich alles großartig an: ein Konto in Pall Mall, ein Anwalt mit Büro in der Fleet Street im Stiftungsrat und als Schirmherren Elie Wiesel und der inzwischen leider verstorbene Lord Lever. Wir brauchten ja illustre Namen auf unserem Briefkopf. Die Stiftung hatte einen guten Start. Meine deutschen Freunde Joachim Hahn und Falk Wiesemann wurden Berater.

Ich wollte für die Stiftung einen Namen, der die Vergangenheit reflektiert und gleichzeitig in die Zukunft weist, und Albert dachte sich „Hidden Legacy Foundation“ aus, „Stiftung des verborgenen Erbes“. Das ist ein perfekter Name, denn das Wort ‚Erbe‘ umfaßt ja Vergangenheit und Zukunft zugleich. Einige Jahre zuvor hatte es eine Ausstellung mit jüdischen Artefakten des Prager Jüdischen Museums unter dem Titel „The Precious Legacy“ gegeben, „Kostbares Erbe“, dieser Begriff war überall bekannt geworden. Der Begriff „Hidden Legacy“ knüpft bewußt an dieses Bekannte an. Das (etwas altmodische) graphische Symbol der Stiftung ist eine geknickte Rose, Symbol für ein Leben, das zu früh abgebrochen wurde. Es ist einer Rose nachempfunden, die auf einem jüdischen Grabstein in Freudental eingemeißelt ist. Ein Designer meinte, sie sei ausgesprochen kitschig, aber das macht mir nichts aus.

Die Aufgabe der Stiftung sollte also vor allem darin bestehen, Synagogen zu retten, denn noch immer werden in Deutschland ehemalige Synagogen abgerissen, jedes Jahr durchschnittlich zwei. Bald wurde jedoch klar, daß die Rettung von Synagogen von London aus nicht zu bewerkstelligen war. Dazu muß man vor Ort sein, Beziehungen haben, die bürokratischen Kanäle kennen. Ich bombardierte Ämter mit Briefen über Synagogen, von denen ich gehört hatte, daß sie abgerissen werden sollten oder die immer baufälliger wurden. Wenn ich die Beamten telefonisch darauf aufmerksam machte, wurde mir gewöhnlich gesagt, ich solle das schriftlich einreichen. Das tat ich, um dann nie wieder davon zu hören. Viel konnte ich also nicht ausrichten und von London aus konnte ich nur wenig Druck ausüben. Zu Anfang hatte ich davon geträumt, die Memmelsdorfer Synagoge zu kaufen und dort das Hauptquartier der Stiftung aufzuschlagen. Doch daraus wurde nichts.

Ich war ein Niemand. Ich hatte zwar eine Stiftung, aber kein Mensch hatte von ihr gehört, und ich hatte keinerlei Verdienste vorzuweisen, auf die ich mich stützen konnte. Was ich hatte, waren gute Verbindungen. Ich war nicht umsonst so viele Jahre Alberts Frau, durch ihn hatte ich einflußreiche Leute kennengelernt. Und von dem Zeitpunkt an, als ich auf meiner ersten Konferenz war, der Friedhofskonferenz in Deutschland, knüpfte ich unermüdlich neue Verbindungen. Meine Freunde und

Helfer in Deutschland sind übrigens allesamt Nicht-Juden.

Für mich war wichtig, daß ich diese Stiftung ohne Albert aufbaute, daß es mein eigenes Projekt war. Ich hatte für unsere Synagoge schon viele Wohltätigkeitsveranstaltungen auf die Beine gestellt und dabei gelernt, Dinge zu organisieren. Ich hatte mir nie viel dabei gedacht, ich war mir meiner Fähigkeiten gar nicht bewußt gewesen, doch all das kam mir jetzt zugute. Wahrscheinlich würden sehr viele Hausfrauen bisher unbemerkte Talente in sich entdecken, wenn sie sich daran machten, etwas aufzubauen.

Eine freischaffende befreundete Journalistin wollte über mich einen Artikel schreiben, um die Sache bekannt zu machen. Doch wo sie auch anklopfte, in der Fleet Street ebenso wie bei amerikanischen Magazinen, wurde sie abgewiesen. Begründung: Ach, schon wieder Holocaust, wollen wir nicht. Obwohl meine Geschichte mit dem Holocaust in Wirklichkeit nicht viel zu tun hat. Die Worte „jüdisch" und „Deutschland" werden jedoch meist sofort mit dem Holocaust assoziiert. Meine Freundin meinte schließlich: wenn man eine Genisa-Ausstellung machen würde, wäre das ein schöner Aufhänger für einen Artikel. Okay, sagte ich mir, wenn es das braucht, dann bitte. So entstand also die Idee einer Ausstellung. Es wurde dann eine sehr erfolgreiche Wander-Ausstellung, die inzwischen außer England auch Deutschland, Österreich und die Tschechische Republik bereist hat. Das hätte sich zu Anfang niemand von uns träumen lassen.

Die Ausstellung räumt endlich mit dem verbreiteten Stereotyp auf, daß alle Juden in Deutschland reiche Stadtjuden waren, Bankiers wie die Rothschilds und die Warburgs. Oder auch, daß sie heimlich miteinander konspirierten und über Kontakte zu ihren Glaubensgenossen in Übersee eine Weltverschwörung planten. Jene Landjuden waren zumeist kleine Vieh- und Pferdehändler und Hausierer, die zumindest wirtschaftlich in das ländliche Leben ihrer Dörfer eingebunden und integriert waren. Ob sie auch mit Schweinen gehandelt haben, weiß ich nicht. Natürlich hatten die Juden ihre eigene Infrastruktur, um ein jüdisches Leben zu führen. So gab es also in den meisten Dörfern einen Schächter, einen Mazzebäcker und, wenn keinen Rabbiner (weil zu teuer), so doch mindestens einen Vorbeter.

Leider kann man aus den schriftlichen Zeugnissen nichts darüber ersehen, wie die Beziehungen der Landjuden zu ihren christlichen Nachbarn waren. Nicht einmal Zeugnisse über irgendwelche Hetzkampagnen sind aufgetaucht, Gott sei Dank, und so waren die Beziehungen vermutlich so gut und so schlecht, wie sie unter Menschen überall sind. Allerdings wanderten manche nach den Hep-Hep-Krawallen von 1819 („Hep" bedeutet „Hierosolyma est perdita" – Jerusalem ist verloren) nach Amerika aus, wie etwa der Jeans-Erfinder Levi Strauss oder der aus Wallerstein im Nördlinger Riess stammende Michael Riess (später „Rees"), der in Chicago ein Vermögen machte. Insgesamt kann man aber zweifellos sagen, daß die deutschen Landjuden im Vergleich mit den polnischen Schtetl-Juden viel weniger unterdrückt waren. Sie hatten von den jeweiligen Landesherren schon früh Schutzbriefe bekommen, wenn auch einige die volle Gleichberechtigung erst durch Napoleon erhielten.

Mein Favorit unter den schriftlichen Überresten ist ein Flugblatt aus dem Jahre 1793, auf dem Prozeß und Hinrichtung Marie Antoinettes gemeldet werden, und zwar auf jiddisch: „Vulshtendige Nakhrikht fun den Forher (Verhör) der unglikhe Marie Antonie Kenign oys Frankrayhk nebst die Hinrikhtung wi si vun Lebn tsum Toyt gebrakht vordn ist am zekhtsehntn Oktobr 1793." Es erstaunt mich immer wieder von neuem, daß die Menschen in diesem doch etwas hinterwäldlerischen Gebiet offenbar an der Französischen Revolution interessiert gewesen waren. Inzwischen sind ähnliche Flugblätter auch in anderen Land-Synagogen gefunden worden.

Die Französische Revolution bewegte diese Menschen allerdings vor allem, weil sie Angst hatten, daß sie auch ihre Existenz gefährden könnte. Daß sie selber alles andere als revolutionär gestimmt waren, ist eindeutig und zeigt sich zum Beispiel an dem in einer Genisa gefundenen Zettel mit einem Gebet für den Landesvater, Herzog Ernst. (Dieses Stück war in der Ausstellung übrigens der Favorit des damaligen deutschen Botschafters in London.)

Manche Landjuden sind auch durchaus in der Welt herumgekommen. Im Elsaß wurde zum Beispiel ein im hessischen Rödelheim gedruckter jüdischer Kalender für das Jahr 1877 gefunden, der alle möglichen Messen und Markttage verzeichnet, wie etwa Markttage in Miltenberg, Aschaffenburg, Heidelberg, Fulda, Hanau, Butzbach, Bensheim, Heppenheim, Worms und Wiesbaden, und an Messen die in Frankfurt am Main, Würzburg, Nürnberg, Kassel („Cassel"), Bamberg, München, Braunschweig, Mainz, Naumburg, Frankfurt an der Oder sowie die „Leipziger Böttcherwoche".

Um die Ausstellung zu realisieren, suchte ich zunächst den Leiter des Londoner Goethe-Instituts auf und versuchte, sie ihm schmackhaft zu machen. Wahrscheinlich würde er meine Version der Geschehnisse dementieren, doch es war nun einmal so: Er lehnte erst einmal ab. Eine solche Ausstellung passe einfach nicht in das vorgeschriebene Institutsprogramm, sagte er. Was natürlich stimmte, denn zumeist wird dort nur zeitgenössische deutsche Kunst ausgestellt.

Während des Gesprächs bekam ich jedoch immer mehr das Gefühl, ihn bereits an der Angel zu haben. Er wehrte sich mit letzter Kraft wie ein Fisch, der nicht an Land will; er erfand immer neue Gründe und Vorwände. Und doch sagte ihm sein Unterbewußtsein wohl, daß er zu mir nicht nein sagen konnte, und zwar einfach deshalb, weil ich Jüdin bin.

Mir half, daß die Direktorin des Kulturprogramms, Karin Herrmann, sehr an einer Ausstellung interessiert war. Wir verstanden uns auf Anhieb. Die Zusammenarbeit mit ihr war traumhaft. Sie war voller neuer Ideen und hatte das Londoner Goethe-Institut zu einem wahrhaft interessanten Ort gemacht. Sie hatte zwar intern noch einen harten Kampf auszufechten, doch sie setzte sich durch, und das heißt: Sie setzte meine Ausstellung durch.

Sie wäre trotzdem nie zustande gekommen, wenn es Falk Wiesemann nicht gegeben hätte. Er besitzt ein unerschöpfliches Wissen über die Geschichte der Juden in Deutschland, er war voller Enthusiasmus und voller Initiative. Er wurde der ideale Partner. Immer wieder sagte er: Schade, daß wir den Designer Fritz Armbruster vom Bayrischen Haus der Geschichte nicht dabeihaben, der wäre für uns der ideale Mann. Fritz hatte zum Beispiel 1988 die Ausstellung „Der Stein schreit aus der Mauer" im Germanischen Nationalmuseum in Nürnberg gestaltet (wo auch einige Genisa-Stücke zu sehen waren) und ein atemberaubendes Plakat dazu entworfen. Und was passierte? Bei der nächsten Konferenz war auch Fritz Armbruster anwesend. Ich fragte ihn, ob er uns helfen wolle, und er sagte zu. Wir verstanden uns sofort, es war, als würden wir uns schon seit Jahrzehnten kennen. Zu dritt bildeten wir ein ideales Team.

Wie es der Zufall will, schrieb mir ein alter Freund der Familie, Walter Homolka, daß er bei Bertelsmann angefangen habe. Zu dieser Zeit mühte ich mich, Gelder aufzutreiben, und hatte bei anglo-jüdischen Firmen schließlich die schwer erkämpfte kleine Summe 10000 Pfund zusammengebracht. Ich fragte Walter, ob Bertelsmann mir helfen könne, und er erwies sich als fabelhaft. Er war zwar neu im Bertelsmann-Management, aber er hat sich mutig eingesetzt. Bertelsmann übernahm die Übersetzungskosten und die gesamten Druckkosten für 3300 Kataloge, was eine Menge ist, und legte noch eine beträchtliche Summe drauf. Der Erlös aus dem Verkauf der Kataloge sollte wiederum eine Spende sein und bei der Stiftung verbleiben. Auch die deutsche Regierung gab Geld, und so war die Ausstellung gesichert.

Die Deutsche Botschaft hatte sich bereit erklärt, bei der Eröffnung als Gastgeber zu fungieren. Die Eröffnungsansprache hielt Rita Süssmuth. Hunderte von Menschen fanden sich ein, manche kamen aufgrund des Andrangs gar nicht mehr herein. Seltsamerweise waren viele anwesende Deutsche von Rita Süssmuths Rede nicht übermäßig angetan (z. B. als sie sagte, daß Westdeutschland redliche Anstrengungen unternommen habe, sich der Nazi-Vergangenheit zu stellen), während die Juden begeistert waren und sie in ihr Herz schlossen. Und letzteres war in diesem Fall das Wichtigste.

Jedenfalls war die Genisa-Ausstellung die erfolgreichste Ausstellung, die das Londoner Goethe-Institut bisher erlebte: Es kamen mehr Besucher als selbst zur Schinkel- und zur Gerhard-Richter-Ausstellung, und mehr Kataloge wurden verkauft. Und so geschah das Unvermeidliche, daß nämlich der Direktor des Goethe-Instituts auf mich zukam und strahlend sagte: „Ach, ist es nicht großartig, unsere Idee zu dieser Ausstellung war wirklich wunderbar!"

Ich hatte die Botschaft gefragt, ob nicht der damalige

Bundespräsident, Richard von Weizsäcker, die Schirmherrschaft übernehmen könnte, doch man machte mir klar, daß er dies, da die Ausstellung in England eröffnet wurde, laut Protokoll nur tun könnte, wenn die Queen zusammen mit ihm die Schirmherrschaft übernehmen würde. Da wir nicht den Funken einer Chance sahen, die Queen zu überreden, mußten wir diese Idee fallenlassen. Statt seiner wurde der bayerische Kultusminister Hans Zehetmair Schutzpatron.

Außer London fanden wir in England nur noch einen weiteren Ausstellungsort, Norwich. Mehr wollten es einfach nicht werden. Ich versuchte es noch in Manchester, jedoch bestand kein Interesse. Ich hätte die Ausstellung gern auch in Veitshöchheim gezeigt, wo inzwischen die Synagoge fertig restauriert war – es wäre der perfekte Ort gewesen, um die Wanderausstellung in Deutschland zu eröffnen. Doch die Leiterin dort war, ganz anders als der Bürgermeister, Rainer Kinskofer, nicht sehr entgegenkommend. Sie wollte eigentlich viel lieber zu einer Weinprobe gehen, als sich über Genisot zu unterhalten.

Nach diesem Gespräch ging ich mit Dr. Wamser zu unserem alljährlichen Mittagessen. Ich erzählte ihm von meinem unangenehmen Besuch in Veitshöchheim, und er lächelte. Da er kurz darauf einen Termin beim Bischof hatte, kam ihm die listige Idee, diesem von der Ausstellung zu erzählen und ihn zu überreden, sie nach Würzburg zu holen. So geschah es, und Veitshöchheim war bloßgestellt. Das Bistum Würzburg zeigte sich sehr großzügig.

Die Ausstellung in Würzburg wurde diesmal von Minister Zehetmair selbst eröffnet, wobei ich den alten zulässigen Trick angewandt hatte, Ignatz Bubis einzuladen und ihm mitzuteilen, daß ich auch Zehetmair eingeladen, und Zehetmair, daß ich auch Bubis eingeladen hätte. Und so konnten beide gar nicht anders, als zu erscheinen.

Bubis hatte, wie meistens, kein Manuskript; er wollte frei sprechen, je nachdem, wie ihn der Geist führen würde, wie er sagte. Er blieb in seiner Rede ganz allgemein. Doch die vielen Zuhörer, die vermutlich auch seinetwegen gekommen waren, hingen an seinen Lippen. Es war offensichtlich, daß er in der deutschen Öffentlichkeit eine Respektsperson ist.

Manche verwechselten dann die Veranstaltung allerdings mit einem Männerabend. Ich saß vorne bei den reservierten Plätzen neben dem Bischof von Würzburg und unterhielt mich mit ihm, als plötzlich ein Saaldiener kam und mich aufforderte, meinen Stuhl zu räumen, weil Bubis neben dem Bischof sitzen sollte. Anschließend gab es ein Essen, und wieder rotteten sich die Männer zu einer exklusiven Gruppe zusammen: der Bischof, der Minister und der Bertelsmann-Vorstandschef. Die Veranstaltung wurde zu einem Business- und Polit-Meeting umfunktioniert. Das ist ein verbreitetes Problem. Deshalb habe ich entschieden, daß wir bei unseren Stiftungs-Treffen jetzt immer in ein Restaurant gehen, weil ich sonst nur in der Küche stehe und die Männer sich bedienen lassen. Und dort bezahle ich, ganz bewußt.

Da wir die Original-Fundstücke der Genisot nicht auf ewig durch die Welt schicken können, wird die Ausstellung in eine Photo-Ausstellung umgewandelt, die in England, Deutschland und Amerika gezeigt werden soll. Eine zweite Ausstellung von Torah-Wickelbändern ist in Vorbereitung. Die Stiftung hat auch Geld bereitgestellt, damit von den Genisot eine Bestandsaufnahme gemacht werden kann, in der jede Genisa kurz beschrieben wird. Sie wird als erster Band einer Genisa-Buchserie erscheinen.

Längerfristig sollen alle Fundstücke geordnet, konserviert, katalogisiert und in einer zentralen Datenbank verzeichnet werden. Die Originale sollen, soweit das möglich ist, an ihren Fundorten verbleiben, doch vieles ist heimatlos. Vermutlich werden wir doch ein Genisa-Zentrum brauchen, wo Forscher arbeiten und Menschen sehen können, daß es in Deutschland einmal eine Welt gab, die unwiederbringlich versunken ist. Da es keine Kinder jener Welt mehr gibt, sprechen die von ihnen geschichteten Steine und hinterlassenen Genisot, all die kleinen Papierfetzen, Stoffreste und Schuhe um so lauter. Die Menschen werden sehen, daß es in Deutschland Landjuden gab, die jiddisch sprachen und etwas besaßen, was die assimilierten Stadtjuden längst verloren hatten: eine seit dem Mittelalter kaum veränderte Frömmigkeit. Es wird darüber hinaus deutlich werden, daß die Landjuden auch im Angesicht historischer Umbrüche wie Revolution und Aufklärung beharrlich an ihren Traditionen festhielten. Es war eine gerade, feste Linie ohne Aufweichungen oder Abirrungen.

Unterhaltungsromane gab es offenbar nicht. Die meisten Bücher, die wir gefunden haben, sind Bibeln, Gebetbücher, religiöse Traktate und Schriften zur moralischen Selbstverbesserung und Erbauung. Etwa die um 1600 von Jakob ben Isaak Aschkenasi in jiddischer Sprache verfaßte „Tsenerene", eine Weiberbibel, genauer: eine Nacherzählung der hebräischen Bibel, angereichert mit Midrasch-Geschichten. Der Titel ist ein Zitat aus dem Hohen Lied und bedeutet: „Kommt heraus und seht (ihr Töchter Zions)." Das Buch war überaus populär und für Frauen die wichtigste Grundlage ihrer Bildung und Erziehung.

Meine Eltern hätten die Landjuden sicherlich verachtet, wenn sie von ihnen gewußt hätten. Allein, daß sie jiddisch sprachen, hätten meine Eltern abfällig vermerkt. Jiddisch, das war ihrer Meinung nach die minderwertige

Sprache der Ostjuden, die im kultivierten Deutschland nichts zu suchen hatte. Doch das ist falsch. Die Landjuden waren gebildeter und kultivierter als die Masse ihrer christlichen Nachbarn.

Und so finde ich, daß man etwas gegen diese verbreitete städtisch-jüdische Hochnäsigkeit gegenüber den Landjuden und ihrer jiddischen Sprache tun muß. Man soll Menschen nicht verachten, die versuchen, sich zu bessern, im doppelten Sinne zu bessern: sozial, aber vor allem moralisch. Und ich mußte zuallererst die eingeimpfte Überheblichkeit in mir selbst überwinden.

Ich habe nicht nach den Landjuden und ihren Genisot gesucht. Ich wußte von ihnen nichts. Sie kamen zu mir wie Waisenkinder, die eine Pflegemutter suchen. Sie wurden mir „beschert". Sie haben mein Leben verändert. Wären sie nicht gekommen, so wäre ich noch heute wie der Narr, von dem der in der Genisa von Veitshöchheim gefundene „Tsukhtshpigel" (Offenbach 1716) spricht, eine Sammlung talmudischer und anderer jüdischer Sprüche:

Ider Fogel singt seyn Gesang, der Kreps get seyn Gang, un' der Nar bleybt ayn Nar seyn Lebe lang.

10
Mein Judentum

Ich esse kein Schweinefleisch, aber Schinken. Und jedesmal, wenn ich nach Deutschland fahre, muß ich mindestens einmal Bratwurst essen. Ich verachte Scheinheiligkeit, und bin doch selber scheinheilig. Die grundsätzlichsten Speisevorschriften halte ich ein, das heißt, ich habe keine verbotenen Speisen im Haus – wenn auch nicht alles koscher ist. Zum Beispiel mische ich durchaus Milch und Fleisch. Sollte uns aber ein orthodoxer Jude besuchen, kann ich ihn mit koscherem Essen bewirten, auf Plastik-Geschirr und mit Plastik-Besteck.

In der Synagoge kommt es mit schöner Regelmäßigkeit vor, daß jemand beantragt, die Küche auf vegetarische Kost umzustellen. Ich bin jedesmal dagegen. Denn ich bin eigentlich gegen die Speisegesetze, weil sie heutzutage vor allem dazu dienen, Juden von Nicht-Juden zu scheiden. Sie bilden eine sehr effektive Barriere, denn wenn man sie genau einhält, kann man sich von einem Nicht-Juden kaum zum Abendessen einladen lassen. Kaum jemand in unserer Gemeinde hält sie ein. Da wäre es unsinnig, sie für Mahlzeiten in der Synagoge einzuführen. Sicher, wir verwenden kein Schweinefleisch und keine Schalentiere, aber auch in der Synagoge trennen wir Fleisch nicht von Milch. Wenn ich in der Synagoge ein Essen organisiere, setze ich sogar bewußt Fleisch und ein Milchprodukt aufs Menü.

Viele Christen leben noch immer mit dem Vorurteil,

daß Jude-Sein in erster Linie koscheres Essen bedeutet. Ein Jude, der Schinken ißt, müsse wohl ein schlechter Jude sein, wie ein Moslem, der Alkohol trinkt, ein schlechter Moslem sei. Die Orthodoxie unterstützt diese falsche Meinung. Viele orthodoxe Juden haben kein Verständnis oder Gefühl für ein tiefgläubiges, religiöses Reformjudentum, das sich außerhalb der Schranken der orthodoxen Gebräuche bewegt. Aber man braucht nur einen Blick auf mehr als tausend fortschrittliche Rabbiner zu werfen, von denen die meisten eine genaue Kenntnis der jüdischen Philosophie, Theologie und Geschichte haben, um zu begreifen, wie falsch dieses orthodoxe Denken ist. Vom Talmud verstehen die fortschrittlichen Rabbiner gewiß weniger, aber der Talmud ist eben nicht das maßgebende Gesetz für die heutige Zeit. Unsere Rabbiner müssen das Heute begreifen, wenn sie geistliche Führer sein sollen.

Das progressive Judentum hatte es nicht einfach, es war ein harter Kampf. Die Gesetze nur einzuhalten, um *Appeasement* gegenüber den Orthodoxen zu betreiben, um von ihnen eher akzeptiert zu werden, ist Unsinn. Was uns Progressive wirklich von den Orthodoxen trennt, ist die Frage der Konversion. Diese Barriere scheint unüberwindlich. Die Orthodoxen können Menschen, die mit unserer Hilfe zum Judentum konvertieren, nicht akzeptieren. Sie finden offenbar, daß der jüdische Gen-Pool durch das Eindringen solcher Menschen in nicht wiedergutzumachender Weise verändert und verwässert würde. In allen anderen strittigen Fragen könnte man sich theoretisch arrangieren. Nicht jedoch in der Frage der Konversion. Ich habe immer die Erfahrung gehabt, daß viele der besten und tüchtigsten in unseren Gemeinden Konvertiten sind. Eine Frau, die ich sehr verehre und liebe, ist jetzt Schatzmeisterin und war sogar Präsidentin und Leiterin unserer Gemeinde. Sollten die Orthodoxen recht haben, daß sich der Gen-Pool durch solche „Eindringlinge" verändere, dann wäre das sicher zu unseren Gunsten!

Natürlich gibt es noch andere Unterschiede. Nach orthodoxer Ansicht ist das mosaische Gesetz von Gott gegeben und ein für allemal unveränderlich. Wir dagegen glauben an eine progressiv verlaufende (im Sinne von in der Geschichte sich entwickelnde) Offenbarung. Traurig, daß da dieses totale und absolute Schisma besteht, daß wir uns nicht wenigstens darauf einigen können, daß wir eben verschiedener Meinung sind.

Ich kann die Orthodoxen allerdings in vielem verstehen. Auch ich habe mich früher sehr darum gesorgt, ob meine drei Töchter wohl Juden heiraten werden. Zum Glück empfinden alle drei sehr stark ihre jüdische Identität, und wenn sie Kinder haben sollten, werden sie sie jüdisch erziehen. Und da nach jüdischem Gesetz derjenige ein Jude ist, der eine jüdische Mutter hat, kommt es gar nicht so sehr darauf an, woher der Vater kommt. Trotzdem, eine meiner Töchter war lange Jahre mit einem Nicht-Juden befreundet, und daß die Freundschaft auseinander ging, hatte sicherlich damit zu tun, daß er kein Jude war, obgleich er durchaus bereit war zu konvertieren. Albert und ich schätzen ihn noch immer sehr, wir wären mit einer Heirat hundertprozentig einverstanden gewesen. Wir haben auch immer noch Kontakt zu ihm. Aber meine Tochter hat es letztlich doch gestört, daß er nicht „aus dem Bauch heraus" Jude war und niemals sein kann.

Sie arbeitet jetzt in einem Jüdischen Museum in Amerika, und meine älteste Tochter ist dabei, Rabbinerin zu werden. Beide sind untypisch, insofern sie bewußt in der jüdischen Welt leben und arbeiten. Michal hat sich sogar mal darüber beschwert, daß unser Haus und unser Familienleben nicht jüdisch genug seien. Dabei hat sie einen Vater, der Rabbiner ist, und wir haben natürlich alle jüdischen Feste gefeiert. Jeden Freitagabend kam die ganze Familie zum Sabbath-Mahl zusammen, Gäste wurden eingeladen, es war immer etwas Besonderes. Immer wurde das Tischgebet *(bentschen)* gesungen, danach kamen die *S'mirot,* die Psalmen und Lieder, die den Sabbath-Abend zu einem schönen Musikabend machen. Ich muß gestehen, daß ich in dieser Hinsicht etwas faul geworden bin, seitdem die Kinder aus dem Haus sind. Doch wenn sie jetzt ab und zu heimkommen, ist es immer noch wie früher: die Sabbath-Kerzen, das weiße Sabbath-Brot *(Challah),* der rote Wein und dann am Ende das Tischgebet und das Singen, all das bringt uns näher zusammen. Insofern habe ich in dieser Hinsicht sehr viel mehr für meine Kinder getan als meine Eltern für mich. Mein Jüdisch-Sein vermittelte sich über die Schule und das Stadtviertel, in dem ich aufwuchs, die Nachbarn, die mich zu jüdischen Festen einluden und mit in die Synagoge nahmen. Meine Eltern haben sich darum nicht groß gekümmert.

Ariel ist nicht gern zum Gottesdienst gegangen, sie hat sich fast immer dagegen gewehrt. Um so paradoxer ist es, daß ausgerechnet sie jetzt Rabbinerin wird. Offensichtlich macht ihr ein Gottesdienst am meisten Spaß, wenn sie ihn selber zelebriert. Und natürlich versteht sie den Gottesdienst nun, aufgrund ihrer Studien, anders. Trotzdem kann ich ihre Abneigung der frühen Jahre nachfühlen. Michal wiederum vermißte es immer sehr, daß es in unserer Gemeinde keine jüdische Jugendgruppe gab. Sie fuhr jeden Sommer nach Amerika, um sich unter jüdischen Altersgenossen auszutoben und aufzutanken, jüdischen Enthusiasmus in sich aufzusaugen. Die amerikanischen Juden sind in dieser Hinsicht viel aktiver als die englischen. In England ist man etwas träge und apathisch und zu zersplittert.

Das ist schade, denn ein aktives jüdisches Gemeinschaftsleben kann sehr viel Freude und Befriedigung bringen. Ich habe es selbst ein paarmal erlebt, einen Sabbath etwa, wo man wirklich alle Regeln einhielt. (Welche Ironie, daß ausgerechnet ich das sage.) Man ging zur Synagoge, nahm dann ein zuvor bereitetes kaltes Mittagessen ein, ging spazieren und sprach über die ewigen Dinge. Es war wunderschön und still. Wir progressiven Juden tun so etwas viel zu selten. Wir sind inzwischen viel zu assimiliert. Selbst Albert geht ab und zu am Sabbath zu einem Fußballspiel. Allerdings arbeitet er am Sabbath nie, nie würde er seinen Computer anrühren.

Doch es gibt eben kulturelle Einflüsse der Gesellschaft, in der man lebt. Und diese können fast übermächtig werden: Weihnachten zum Beispiel. Man kann sich dem nur schwer entgegenstemmen, wenn überall, in allen Kaufhäusern und allen Schulen, Weihnachtsbäume stehen und Weihnachtslieder erklingen. Viele Juden, vor allem in Amerika, versuchen, Chanukka jedoch, das „Lichterfest", als Gegengewicht zum Weihnachtsfest aufzubauen. Eigentlich ist Chanukka ein relativ unbedeutendes Fest. Es geht zurück auf die Zeit der Seleukiden, als zwangsweise der heidnische Kult eingeführt und die Praktizierung der jüdischen Religion (z. B. die Beschneidung) bei Todesstrafe verboten wurde. Im Jahre 167 v. Chr. wurde im Tempel von Jerusalem ein Zeusaltar aufgebaut und Schweinefleisch auf ihm dargeboten. Die Legende erzählt, daß nach der Entweihung des Tempels ein einziges Fläschchen Öl übriggeblieben war, das die Seleukiden nicht entweiht hatten. Obwohl das Öl eigentlich nur für einen einzigen Tag reichte, brannte die Lampe durch ein Wunder acht Tage lang.

Daraus entstand die heute so bemüht geförderte Sitte, daß man am achtarmigen Chanukka-Leuchter (die neunte Kerze ist der *Schamasch,* der ‚Diener') am ersten Tag ein Licht anzündet, am zweiten Tag zwei und so weiter, bis zum achten Tag. Der Leuchter muß vor dem Hauseingang, mindestens aber sichtbar im Fenster stehen, und die Lichter müssen von Sonnenuntergang bis zu der Stunde brennen, da der letzte Mensch die Straße verlassen hat. Man ißt *Latkes* (Reibekuchen) und Spritzkuchen, die Kinder bekommen acht Tage lang immer neue Geschenke, in der Synagoge gibt es eine Party mit großem Festmahl, und manche Leute schicken sich Chanukka-Karten. Einige sprechen scherzhaft schon von „Weihnukka". All das ist eine ganz junge Tradition. Eine spezielle Chanukka-Liturgie gibt es nicht, und man darf zu Chanukka auch arbeiten. Es ist also weniger heilig als jeder gewöhnliche Sabbath, und es ist überhaupt kein heiliges Fest.

Wir selbst machen ein einziges „Zugeständnis" an Weihnachten: Wir bereiten ein typisch englisches *Christmas Lunch,* also Truthahn und Rosenkohl und anschließend Plum-Pudding, wenn wir am Ersten Weihnachtsfeiertag eine befreundete Rabbiner-Familie einladen. Und Noam geht am „Heiligen Abend" regelmäßig zur katholischen Mitternachtsmesse, einfach der Musik wegen.

Man macht sich seine eigenen Regeln. Auch das ist ein natürlicher Teil der jüdischen Tradition, doch viele Orthodoxe verdrängen das. Sie glauben, daß sie sich an die Gesetze und Vorschriften der Bibel halten, wo es doch oft nur Regeln sind, die irgendwo und irgendwann im Mittelalter entstanden oder im 18. Jahrhundert in Osteuropa. Es scheint so zu sein, daß viele Menschen einen bestimmten Punkt in der Geschichte als den „letzten Stand" der Dinge betrachten, unter den man nicht sinken darf. Was danach an Entwicklung kommt, erscheint einem dann als schiere Dekadenz und Abkehr von einer goldenen Zeit, in der alles noch schön und gut und richtig war. Für die Ultra-Orthodoxen ist dieser Punkt das 18. Jahrhundert; für mich ist es das klassische amerikanische Reformjudentum und das englische liberale Judentum, also etwa der Stand der Jahrhundertwende (ich meine die Wende vom 19. zum 20. Jahrhundert). Das einzige, was ich an Neuem mit offenen Armen aufgenommen habe, ist der Feminismus, der Kampf also für die Gleichberechtigung der Frau im Gottesdienst und der Kampf gegen die exklusiv-männliche Sprache der Liturgie, die von Gott als ‚Vater' und ‚Herr' und ‚König' die Rede ist, von unseren ‚Vorvätern' und von ‚Brüderlichkeit'.

Als ich Albert heiratete und nach Amerika kam, trug er in der Synagoge weder eine Kippa und noch einen Gebets-Schal. Niemand in der Gemeinde tat es. Später bekam er einen Gebets-Schal geschenkt und legte ihn zum Gottesdienst um, woraufhin einige den Saal verließen. Sie hatten so hart für ihre progressive Richtung gekämpft, daß sie schon dies als Provokation empfanden, als Schritt zurück. Heutzutage sind Kippa und Gebetsschal wieder selbstverständlich, denn es hat in den letzten Jahren in allen Strömungen des Judentums (wie überhaupt in vielen Religionen) eine Bewegung zurück zum Konservativen, eine Bewegung nach rechts gegeben.

Als Ariel und Michal zur Schule gingen, hatten sie eine ganze Reihe jüdischer Mitschülerinnnen. Als Noam zehn Jahre später auf dieselbe Schule kam, gab es zwar noch viele jüdische Namen, aber viele der Mädchen hatten lediglich jüdische Väter und waren selber nicht jüdisch. Sie waren aber auch nicht christlich. Das ist der Trend in unserer Zeit. Religion ist nicht in Mode. Nur die Fundamentalisten, seien sie christlich oder jüdisch oder islamisch, bilden einen Gegentrend.

Die chassidischen Lubavitscher zum Beispiel betreiben aktive Mission unter Juden. Das mag eine gute Idee sein, aber sie entspricht nicht meinen Vorstellungen und stellt eigentlich im Widerspruch zu der jüdischen Tradition, nicht zu missionieren. Daß unser progressives Judentum anderen Menschen so leicht die Tür öffnet und Konvertiten freudig einläßt, ist eine radikal andere Abweichung von dieser Tradition.

Es wäre schön, wenn wir abgesehen von Konvertiten auch mehr säkulare Juden ansprechen würden, aber dort gibt es große Widerstände. Das ist die Geschichte der Juden: Wenn die Zeiten gut und frei von Verfolgung sind, zerstreuen sie sich in alle Winde und verschwinden in der Masse der Bevölkerung. Elie Wiesel erinnert in einem seiner Bücher an eine chassidische Geschichte, die diesen Prozeß beschreibt. Zuerst betet man an einem bestimmten Ort. Allmählich vergißt man die Gebete, erinnert sich aber noch an den Ort. Und am Ende hat man auch vergessen, wo der Ort ist; man hat nur noch das dumpfe Gefühl, daß man ja eigentlich ab und zu beten sollte. Ein ganz starkes Element des Judentums war immer die Erinnerung, das Gedenken, aber auch dies verfällt langsam. Das Interesse an jüdischer Geschichte, an jüdischer Kultur ist unter englischen Juden an einem Tiefpunkt angelangt.

Niemand scheint diesen Trend im Moment aufhalten zu können, niemand weiß ein schnelles Heilmittel. Viele spenden noch regelmäßig für Israel, und viele spenden noch für jüdische Altersheime, Schulen und Waisenhäuser. Das Hilfswerk für jüdische Flüchtlinge in aller Welt ist ebenfalls sehr aktiv, ob es nun um Äthiopien oder Bosnien geht. In London haben wir in dieser Hinsicht noch eine funktionierende Infrastruktur, und sie ist es, die die jüdische Gemeinschaft noch zusammenhält. Unter den deutschen Juden hat die „Sache Israel" den Glauben als zentralen Aspekt ihres Judentums abgelöst. Nach der Religion als solcher scheint es weder in England noch in Deutschland im Moment ein großes Bedürfnis zu geben, und das tut weh.

Die meisten unserer Konvertiten treten zum Judentum über, weil ihr Ehepartner Jude oder Jüdin ist. Es macht das Leben leichter. Man wünscht sich ja auch eine religiöse Trauungszeremonie. Es klingt fast wie Aberglaube, daß man sich für seine Ehe einen religiösen Segen wünscht. Und einem Juden würde es sehr, sehr schwer fallen, in einer christlichen Kirche zu heiraten. Manche, wenige, tun es, und wenn ich davon höre, finde auch ich es schockierend. Und wenn die Trauung auch noch an einem Samstag, also am Sabbath stattfindet, wie es oft üblich ist, dann ist das für mich wie ein Schlag ins Gesicht. Es macht mich traurig. Aber wegen der genannten Abneigung gegen christliche Zeremonien sind es doch zumeist die nicht-jüdischen Partner, die konvertieren. Nur wenige Menschen konvertieren aus voller Überzeugung. Letztere sind gewöhnlich Intellektuelle, die sich viel mit Theologie und Geschichte beschäftigt haben.

Doch ich spreche hier immer nur für die progressiven oder liberalen Juden, nicht für die orthodoxen.

Von den Christen trennt uns einerseits natürlich viel mehr als vom orthodoxen Judentum; andererseits ist der Dialog mit ihnen oft leichter. Was uns von den Christen trennt, ist unsere Ablehnung Jesu Christi als Messias und Gottessohn. Was die moralischen Ideale angeht, wie man sein Leben führen sollte, gibt es eigentlich keine Unterschiede. Judentum und Christentum sind wie getrennte Wege zum selben ethischen Ideal. Es sollte zumindest so sein. Wenn ich dagegen das christliche Glaubensbekenntnis höre, mit Jungfrauengeburt und Auferstehung, kann ich mich in dieses Denken einfach nicht hineinfinden.

Für denkende Christen ist der jüdische Glaube kein großes Problem, denn in ihm gibt es wenig Grundsätzliches, was nicht auch für einen Christen annehmbar ist. Umgekehrt gilt dies dagegen nicht. Und wenn ich höre, daß die Worte „Liebe deinen Nächsten", „Liebet eure Feinde" die Qintessenz des Christentums ausmachen sollen, finde ich mich total überrascht. Wissen die Christen nicht, daß diese Lehren aus der Torah kommen? Jesus wird gefragt: „Was ist das wichtigste in der Religion?" Er antwortet mit zwei Zitaten aus der Torah: „Du sollst deinen Nächsten lieben wie dich selbst, denn ich bin der Herr" (3. Mose 19, 18) und „Du sollst den Herrn, deinen Gott, liebhaben von ganzem Herzen, von ganzer Seele, von allem Vermögen" – das kommt aus dem großen Glaubensbekenntnis des Judentums, dem ‚Sch'ma' im Deuteronomium (5. Mose 6, 5). Juden und Christen haben hier offensichtlich dieselbe Lehre. Nur muß ich fragen: Wie viele halten sich an diese Regeln, und wie viele werden sich jemals daran halten? Täten wir es, so befänden wir uns vielleicht bald in der messianischen Zeit.

Daß die Christen unsere Bibel übernommen haben, hat mich nie besonders gestört. Das Christentum hat unsere Bibel allerdings in seiner Interpretation verbogen. Doch ich hatte nie das Gefühl, daß man uns etwas gestohlen hat. Juden haben das Christentum immer als einen *Wassersproß (Schößling)* aus jüdischer Wurzel gesehen. Das Christentum hat zwar krampfhaft versucht, sich vom Judentum abzusetzen, aber seine Wurzeln sind eindeutig jüdisch. Es ist kaum faßbar, wie Christen es fertiggebracht haben, diese Wurzeln jahrhundertelang zu verschütten und zu leugnen. Wenn man sich von seinem Erb-Onkel absolut freimachen will, muß man ihn offenbar treten und je brutaler, desto besser. Vielleicht muß man das nicht, aber so ist die menschliche Natur. Juden sind keine besseren Menschen, aber sie hatten im Lauf der Geschichte nie genügend Macht, um ihrerseits Christen zu malträtieren. Sie waren die meiste Zeit machtlos. (Daß ein jüdischer Staat heute so viel Macht besitzt, wirkt beunruhigend. Es gibt Juden plötzlich mehr Möglichkeiten, gegen andere ungerecht zu sein. Zum Teil sehen wir das an der schwierigen Situation der Palästinenser. Besonders problematisch ist in diesem Zusammenhang, daß in Israel eine Art Konkordat zwischen den Orthodox-Religiösen und dem Staat existiert.)

Nur die Gelehrten interessieren sich für die christliche Lehre, von Joseph Klausner bis zu Schalom Ben-Chorin, sonst nur wenige. Es gibt mehr Christen, die sich für den jüdischen Glauben interessieren als umgekehrt. Besonders auffällig ist letzteres in Deutschland, trotz einer aktiven Gesellschaft für christlich-jüdische Zusammenarbeit. Schon der Name ist unzutreffend. Es ist eine christliche Gesellschaft, die sich für das Judentum interessiert. Sie lebt in der Illusion, einen wirklichen Dialog zu führen. Es könnte, es muß ein wirklicher Dialog erst werden. Nur müssen wir dann vieles gründlich verändern und viel Neues schaffen. Auch die Dimension des Dialogs mit den Moslems müßte hinzukommen.

Zuallererst müßten wir Juden unsere Arroganz aufgeben, die darin besteht, daß wir von Christen immer viel Verständnis verlangen und umgekehrt nicht bereit sind, von uns selber welches aufzubringen. Wir müßten uns für das Christentum, ganz banal gesagt, mehr interessieren. Wir müßten zum Beispiel das Neue Testament überhaupt erst einmal richtig lesen, auch wenn ich vieles darin als Überforderung der Menschheit empfinde. In meiner Kindheit war es ein unberührbares Buch. Wir haben eine ungefähre Ahnung, was darin steht. Aber vermutlich wollen viele Juden es gar nicht so genau wissen. Denn wenn es ihnen gefiele, würde es für sie auch nicht einfacher. Erst in diesem Jahrhundert, unter Theologen wie Leo Baeck, wurde das Neue Testament endlich studiert und gelehrt. Noch 1938 hat Leo Baeck ein Buch „Das Evangelium als Urkunde der jüdischen Glaubensgeschichte" geschrieben. Es wurde natürlich von den Nazis sofort eingestampft.

Ich warte immer noch darauf, daß ich in meiner jüdisch-christlich-islamischen Frauengruppe in London von den Christinnen dafür kritisiert werde, daß ich das Neue Testament so wenig kenne. Aber sie trauen sich wohl nicht, eine Jüdin anzugreifen. In Deutschland wäre das verständlich. Es gibt vieles, was ein Deutscher nie zu einem Juden sagen kann. Deshalb müssen viele Themen von jüdischer Seite angesprochen werden, wenn sie zur Sprache kommen sollen. Aber diese Dialog-Gruppe? Wir sind in England und die Christinnen sind Engländerinnen! Auch sie schleppen ein Päckchen mit sich herum, ob man es nun Schuldgefühle nennt oder ob es einfach das Bleigewicht der Geschichte ist. Man könnte ja auch sie fragen: Was habt ihr denn getan, als man die deutschen Juden ins KZ trieb? Die Antwort müßte „nichts" lauten. Oder fast nichts.

Albert wurde unlängst in Italien zum Internationalen Ehrenpräsidenten der *Weltkonferenz für Religion und Frieden* gewählt, obwohl er nicht einmal anwesend war. Ich sah die Liste der Teilnehmer, es waren rund neunhundert aus aller Welt, und auch die Kandidatenliste war ellenlang. Ich fragte Albert, wieso denn er gewählt worden sei. Und er antwortete: „Ich glaube, die brauchten einen Juden." Daran läßt sich ablesen, daß nicht nur Deutsche eine besondere Verpflichtung gegenüber Juden empfinden.

Das progressive Judentum akzeptiert – anders als der Islam – Jesus nicht als Propheten, sondern als einen bedeutenden Lehrer und als einen außergewöhnlichen Menschen. Sein Schicksal ist durchaus ein jüdisches Schicksal. Dennoch fällt es mir noch immer schwer, den Namen Jesus überhaupt auszusprechen. Ich wurde in einer Tradition erzogen, die vorschrieb, daß man den Namen ‚Jesus' nicht aussprach und daß man ausspuckte, wenn er einem unachtsamerweise doch über die Lippen gekommen war. Es ist schwer, sich von solchen Kindereien freizumachen. Die Kindereien haben natürlich ihren Grund: uns wurde im Namen Jesu Christi zuviel angetan. Was nicht sein Fehler war. Doch für einen Juden bedeutete der Ausruf des Namens ‚Jesus' jahrhundertelang bloß, daß ein neues Pogrom geplant war. Wir benutzen den Namen nur, wenn wir den Fluch *„Jesus Christ"* ausstoßen, den wir aber wohlgemerkt von den Amerikanern übernommen haben. Dies ist ein Zeichen von Assimilation. Albert und meine beiden älteren Töchter sind jedesmal entsetzt, aber sie sind ohnehin grundsätzlich gegen jedes Fluchen.

Nicht nur Baeck und Schalom Ben Chorin, auch Martin Buber haben viel zu einem neuen Verständnis beigetragen. Trotzdem kommt es mir manchmal so vor, als ob nicht nur Juden, sondern auch Christen wenig von den neuen Forschungen mitbekommen haben. Sehr viele Christen haben keine Ahnung, daß Jesus in der jüdischen Tradition stand. Und wie viele Juden denken an Jesus als einen Juden? Sehr wenige!

„Die" Christen haben „den" Juden immer vorgeworfen, daß sie sich als das auserwählte Volk betrachten. Heutzutage würden sich die meisten Juden diesen Anspruch nicht mehr zu eigen machen. Es wird uns vorgeworfen, dabei fühlen wir uns gar nicht als das auserwählte Volk. Ich finde schon die Idee auserwählter Menschen völlig inakzeptabel. Ich finde zwar, Juden sollten bessere Menschen sein. Das heißt noch lange nicht, daß sie es sind. Ich bin oft sehr enttäuscht, wenn ich sehe, wie sich meine jüdischen Brüder und Schwestern benehmen und was sie anrichten.

Ich bin nicht philosemitisch. Juden einer bestimmten Sorte stoßen mich ab. Ich weiß, das ist kein sehr positiver Zug an mir. Ich bin etwas snobistisch in meiner Abneigung gegen gewisse schrille Manieren mancher Juden, wenn sie sich etwa indezent, in schreienden Farben kleiden, zuviel und zu laut reden, nur an Geld denken. Davon gibt es eine ganze Menge. Sie gehören nicht zu den Menschen, unter denen ich mich wohl fühle. (Natürlich könnte man dasselbe auch über viele Nicht-Juden sagen). Früher war ich auch immer peinlich berührt, wenn im Fernsehen eine amerikanische Jüdin wie Ruby Wax auftrat, deren Markenzeichen die Vulgarität war – sie konnte zum Beispiel einen Studiogast ohne Hemmungen fragen, wann er das letzte Mal masturbiert habe. Dann dachte ich: O Gott, die taucht alle Juden in ein schlechtes Licht. Ich würde auch heute noch nicht im Omnibus laut jüdische Dinge besprechen. Albert trägt sein Judentum immer ganz stolz wie einen Orden. Nun hat man ihm ja auch entsprechende Schimpfwörter nachgerufen, was mir, soweit ich mich erinnere, nie passiert ist. Mir selber ist überhaupt wenig an Antisemitismus begegnet. Ich erinnere mich an einige Vorfälle aus meiner Jugend, aber das richtete sich gegen uns Kinder auf der Straße als Gruppe, nicht gegen mich als Individuum. Albert dagegen ist aus seiner Erfahrung heraus jemand, der sein Judesein auch gerne zeigt.

Natürlich kann ich mit meinem Namen und so einem Ehemann mein Jüdisch-Sein nicht verbergen, selbst wenn ich es wollte. Aber ich würde mich nie als Jüdin bezeichnen. Ich stelle mich immer mit den Worten: „Ich bin jüdisch" vor, obwohl ich inzwischen weiß, daß das kein gutes Deutsch ist. Mir ist klar, daß ich die Wörter „Jude" und „Jüdin" in diesem Buch ständig benutze. Aber nur, weil mir die deutsche Sprache keine andere Wahl läßt. Oft ertappe ich mich dabei, daß ich meine deutschen Sätze so umformuliere, daß ich das Substantiv „Jude" nicht benutzen muß. Meine Abneigung gegen die deutschen Wörter „Jude" und „Jüdin" ist noch stärker als gegen die englischen Wörter „Jew" und „Jewess". Und das Feminimum „Jüdin" klingt in meinen Ohren noch tausendmal schlimmer als das Maskulinum „Jude". Warum, weiß ich nicht. Meine Reaktion ist ja auch nicht rational, sondern emotional. Schwede – Schwedin, Franzose – Französin, Jude – Jüdin: das ist keine homogene Reihe. Bei dem Wort „Jewess" krampft sich in mir alles zusammen. Es ist nicht nur häßlich, sondern vom Standpunkt einer Frau aus auch erniedrigend. *Actress,* das geht gerade noch. Aber schon *poetess* ist unmöglich. Und das deutsche Wort „Jüdin" übertrifft noch das englische Äquivalent.

Wenn man im *Oxford English Dictionary* das Wort „Jew" aufschlägt, wird man feststellen, daß es auch immer noch als Verb geführt wird: *to jew somebody down,* was soviel bedeutet wie: jemanden übervorteilen. Mehrfach sind Leute deswegen sogar vor Gericht gegangen und verlangten, daß diese Redewendung aus dem Lexikon entfernt werde, jedoch ohne Erfolg. Das Verb ist inzwischen veraltet und wird kaum noch verwendet, aber daß es nach wie vor im maßgeblichen englischen Lexikon geführt wird, zeigt doch, daß man es noch immer als Teil der Sprache betrachtet.

Wenn ich in fränkischen Dörfern herumsehe, frage ich die Leute natürlich: „Haben hier Juden gelebt", nicht: „haben hier jüdische Menschen gelebt". Aber besonders die Möglichkeiten, Komposita zu bilden, die die deutsche Sprache bietet, macht mir Schwierigkeiten. Wenn mir zum Beispiel in Franken Leute sagen: „Dies war ein Judenhaus", läuft mir jedesmal ein Schauder den Rücken hinunter. Sicherlich denken sich die Betreffenden nichts Böses dabei, aber in meinen Ohren klingt es schrecklich. Ich habe eine ganze Liste solcher Komposita angefertigt: Judengasse, Judenduck, Judenhut, Judensau usw. Das Wort „Judengasse" gefällt mir allerdings, es ist ein historischer Ortsname, aber viele der anderen Wörter scheinen im Lauf der Zeit mit Haß angefüllt worden zu sein. Seltsamerweise macht mir das eine Wort, das vielen Deutschen unbehaglich ist, überhaupt keine Schwierigkeiten. Ich meine das Wort Judentum. Anders als meine Eltern und viele Deutsche habe ich Hitlers Tiraden über das „internationale Judentum" und „Weltjudentum" nicht gehört, mir dröhnen sie nicht im Kopf herum.

Juden hier in England, zumindest die Generation meiner Eltern, haben sich immer bemüht, nicht aufzufallen. Meine Eltern sind hier kaum jemals zur Wahl gegangen. Und wenn sie gingen, dann haben sie niemandem erzählt, nicht einmal mir, welcher Partei sie ihre Stimme gegeben hatten. Sie wollten nach ihrer Erfahrung in Deutschland nicht mehr abgestempelt werden. Die meisten Juden in Deutschland verhalten sich bis auf den heutigen Tag so. Sie halten ihre Köpfe gesenkt. Bloß nicht auffallen ist die Devise. Sie würden vor Entsetzen sterben, wenn Ruby Wax im deutschen Fernsehen aufträte.

Ich bin mittlerweile darüber hinweg. Doch wenn ich eine Frau wie Ruby Wax sehe, stelle ich sogleich fest: ah, Jüdin. Ich stecke Menschen in Kategorien. Und als ich zum erstenmal nach New York kam und mir überall von Schildern und Reklametafeln das Wort „Jewish" entgegenstarrte, wie zum Beispiel „Eat Levy's Jewish Rye" („Essen Sie Levys jüdisches Roggenbrot"), hatte ich gemischte Gefühle. Einmal saß ich in der Londoner U-Bahn, und eine Freundin erzählte mir lauthals, sie wolle für das Jüdische Blindenwerk arbeiten. Mir kam es vor, als würde sie das Wort „Jüdisch" durch den ganzen U-Bahnzug brüllen. Objektiv war es nicht so. Aber ich habe es so empfunden.

Vielen Juden geht es noch heute so. Sie sind voller Angst, sich zu laut zu erkennen zu geben, weil sie denken, es könnte ihnen schaden. Ich selbst habe sehr sensibel reagiert, als in England vier Geschäftsleute im sogenannten Guinness-Prozeß des Betruges angeklagt wurden und die BBC-Mittagsnachrichten von „jüdischen Geschäftsleuten" sprachen. Das sind sehr subtile Dinge. Warum muß man dazusagen, welcher Abstammung jemand ist? Daß die BBC es tat, war wirklich schockierend. Anscheinend haben sich viele beschwert, und in den Abendnachrichten ließ man das Adjektiv dann fallen.

Und wenn ich von anderen Finanzskandalen, etwa in Amerika, höre, bei denen Juden beteiligt waren, dann wünsche ich mir, daß es nicht so wäre. Jeder weiß natürlich, daß auch Nicht-Juden betrügen. Aber das fällt unter den Tisch, in diesen Fällen werden die Täter nicht als ‚Christen' identifiziert. Es gibt eben viele, die behaupten, Finanzbetrug sei eine typisch jüdische Sache, und so überrascht es mich nicht, daß sich die stereotype Vorstellungen, die man von Juden hat, noch weiter festigen: Geldverleiher, Wucherer usw. Zwar steckt in den Stereotypen oft auch ein Körnchen Wahrheit. So ist es nun mal, und das kann man nur akzeptieren. Schlimm wird es erst, wenn Stereotypen dazu gebraucht werden, eine ganze Menschengruppe zu disqualifizieren.

Deshalb möchte ich auch ein paar positive Stereotypen nennen, die ebenfalls ein Körnchen Wahrheit enthalten. Ich glaube, Juden sind sehr warmherzig und ziemlich offen. Sie scheuen sich (jedenfalls in sicherer Umgebung) nicht, ihre Meinung kundzutun. Daraus ergibt sich, daß sie gute Debattierer sind, talentierte Politiker, gute Juristen und gute Entertainer. Diskussion und Debatte sind wichtige Bestandteile unserer Tradition. Der dazugehörige, geradezu „angeborene" jüdische Witz und die Selbstironie erklären die Tatsache, daß etwa in Amerika die Komiker-Kultur von ihnen dominiert wird. Bestimmte Witze können auch nur von Juden erzählt werden, weil sie im Munde eines anderen antisemitisch würden. Wer ist antisemitischer als der New Yorker Jude und Komiker Jackie Mason? Er darf das. Und ich kann über seine Witze lachen. Käme derselbe Witz aus dem Munde eines Nicht-Juden, würde ich nicht lachen, sondern den Saal verlassen.

Jackie Mason war Rabbiner, bevor er Komiker wurde. Er hängte seinen Talar an den Nagel, weil er, wie er sagte, andere Menschen nicht länger ermahnen wollte, Dinge zu tun und zu glauben, an die er selbst nicht mehr glaubte. Sein Bruder, Rabbiner Gabriel Maza, war Alberts Kollege in Pennsylvania. Und so ging ich einmal mit diesen beiden Rabbinern in einen Nachtclub, um den dritten bei seinem Auftritt zu erleben. Es wurde ein lustiger, aber peinlicher Abend. Jackie Mason verspottete sein Judentum.

Wenn ich hier viel Kritisches über das Judentum gesagt habe, so bedeutet das aber nicht, daß auch ich meinen

Glauben verloren oder aufgegeben hätte. Das könnte ich nie. Als ich mit Noam schwanger war, suchte ich nach einen Namen für sie. Da fiel mir ein, daß eine der schönsten Stellen in unserem Gebetbuch lautet: „Die Torah sind liebliche Wege, und alle ihre Steige sind Friede. Sie ist ein Baum des Lebens allen, die sie ergreifen; und selig sind, die sie halten" (Sprüche 3, 17–18) Das hebräische Wort für „lieblich" ist „Noam." Dieses Wort ist mir aus dem Gebetbuch immer ins Auge gesprungen. Es verkörpert alles, was mir am Judentum lieb und teuer ist. Und so nannte ich meine jüngste Tochter Noam. Was ich damit sagen will: Ich fühle mich in meiner jüdischen Haut sehr wohl.

11
Deutschland – wohin gehe ich?

Es ist paradoxerweise für englische Juden deutscher Abstammung leichter, sich mit Deutschland auseinanderzusetzen, als für ur-englische Juden. Da letztere keinerlei emotionale Bindung an Deutschland haben, fällt es ihnen nicht schwer, Deutschland vollkommen aus ihrem Leben auszublenden. Sie wollen mit Deutschland nichts zu tun haben, und mit den dunklen Kapiteln seiner Geschichte schon gar nicht. „Das hat nichts mit mir zu tun" ist ihre Haltung. Sicher, viele geflohene deutsche Juden sind nie nach Deutschland zurückgekehrt. Trotzdem sind sie durch unzählige Bande mit Deutschland verknüpft, etwa durch die Sprache und durch die Kultur. Insofern sind sie Deutschland gegenüber trotz allem aufgeschlossener als ur-englische Juden.

Und sie sind oft auch aufgeschlossener als „reine" Engländer. Es ist geradezu eine Ironie des Schicksals, daß ausgerechnet geflohene Juden Deutschland und die deutsche Kultur verteidigen, wenn Engländer sie angreifen. Ein Beispiel fand sich unlängst im Zusammenhang auf der großen Ausstellung „Der romantische Geist in der deutschen Kunst": Englische Kunstkritiker warfen in Zeitungsartikeln den Deutschen vor, bis heute einer mörderischen Romantik verhaftet zu sein, die im übrigen direkt zu Auschwitz geführt habe. Es waren Leute wie der aus Wien stammende Verleger Lord Weidenfeld, die die deutsche Kunst und damit den deutschen „Nationalcharakter" gegen solch unqualifizierte Angriffe mit großer Leidenschaft öffentlich verteidigten.

Böse Menschen oder „Häretiker" können von der jüdischen Gemeinschaft mit einem Fluch, einem *Cherem*, belegt werden, wie es etwa dem Philosphen Spinoza geschah. Und bis heute glauben viele Juden, daß auch bestimmte Orte, Städte oder Länder unter einem jüdischen Bannfluch stehen, weil sie dort malträtiert oder gar massakriert worden sind. Beispiele für diesen Volksglauben sind Spanien und die nordenglische Stadt York. Nach Spanien seien die 1492 vertriebenen Juden eben aufgrund eines *Cherem* nie in großer Zahl zurückgekehrt, so glauben viele, obgleich es in Wirklichkeit umgekehrt so war: Der spanische Staat hat den von der spanischen Krone ausgesprochenen Bann gegen Juden erst 1968 (!) offiziell aufgehoben. Auch über York, so sagt die Legende, hätten die Alten nach den anti-jüdischen Krawallen und dem anschließenden Massen-Selbstmord der dortigen Juden im Jahre 1190 einen *Cherem* verhängt. Orthodoxe Juden, die in noch weiter nördlich gelegene Städte reisten, wie etwa nach Gateshead oder Newcastle, vermieden es deshalb jahrhundertelang, in der Stadt York einen Zwischenstopp einzulegen oder gar zu übernachten.

1975 fuhr ich zum erstenmal nach York, ohne von jenem legendären *Cherem* etwas zu wissen. Es war ein katastrophaler Besuch. Ich konnte keinen Parkplatz finden, ich konnte kein Hotelzimmer auftreiben, es war wie verhext. Und ich konnte das Gefühl nicht loswerden, daß mich diese Stadt nicht mochte, daß ich hier unerwünscht war: Das war natürlich reine Einbildung.

Später dachte ich darüber nach, und es kam mir seltsam vor, daß man York und Spanien fraglos immer noch als verflucht ansah, daß aber niemand auf die Idee gekommen war, die Institution des *Cherem* wieder zu beleben und über Deutschland einen Bannfluch zu verhängen. Dabei wäre es doch nach dem Holocaust eine ganz verständliche Reaktion gewesen. Natürlich haben manche Juden ihren persönlichen *Cherem* über Deutschland verhängt und sich geschworen, nie einen Fuß auf deutschen Boden zu setzen. Manche halten sich auch heute noch daran. Doch gerade geflohene deutsche Juden haben diesen Schwur gebrochen. Deutschland übt eine seltsame Faszination aus. Und höchstwahrscheinlich wird die nächste Generation noch mehr nach Deutschland reisen, um herauszufinden, wo ihre Eltern und Großeltern herkamen, um die Wurzeln ihrer Familien zu erkunden – auch wenn der Nährboden für diese Wurzeln teilweise vergiftet war. Die natürliche Neugier wird einiges verändern.

Ich weiß, ich selbst bin in dieser Hinsicht exzessiv. Mein Interesse an Deutschland kam ja nicht eines Nachts wie ein neuer Stern, sondern es war schon immer da. Meine Mutter hatte mir als Kind ein Buch mit deutschen Sagen und Legenden geschenkt, in dem verwunschene Schlösser und verzauberte Jungfrauen am Rhein vorkamen. Ich war sofort gefangengenommen. Diese Geschichten habe ich geradezu eingesogen. Mein Interesse an Deutschland geriet in einen Widerstreit zwischen Reiz und Abgestoßensein. Als Kind schrie ich bei meinem ersten Besuch in Deutschland, wie ich im ersten Kapitel erzählt habe, plötzlich los: „Alle Deutschen sind Mörder!" Und ein paar Jahre später habe ich mich unsterblich in einen Deutschen verliebt.

Erst in den späten 50er Jahren erschienen in England einige Bücher zum Holocaust, Bücher von KZ-Überlebenden wie Primo Levi, und erst jetzt konnte ich überhaupt beginnen, mich mit dem Holocaust auseinanderzusetzen. Doch es war eine einsame Beschäftigung. Niemals und nirgendwo wurde darüber offen diskutiert, in meiner Familie schon gar nicht, und das, obwohl meine Eltern doch ausschließlich Freunde hatten, die aus Deutschland stammten. Deutschland und seine Verbrechen waren in ganz England kein Thema. Man wollte davon nichts hören.

Ich hatte als junges Mädchen, im Alter von vielleicht 15 Jahren, natürlich „Das Tagebuch der Anne Frank" gelesen; wie für so viele andere junge Menschen war es auch für mich der Einstieg in die Geschichte der Judenverfolgung und Judenvernichtung. Schon damals fühlte ich mich total isoliert, total alleingelassen mit meiner Verwirrung. Ich empfand Verwirrung, weil ich trotz allem von Deutschland gebannt war. Das hat mir entsetzliche Schuldgefühle eingejagt. Es war schizophren. Mit niemandem darüber sprechen zu können war das Schmerzhafteste. Es war ein furchtbares Geheimnis. Als ich Jahre später meine „Schuld" zum erstenmal bekannte, war es wie ein *Coming out.* Ich glaube nicht, daß ich Deutsche sein wollte, aber ich empfand das Abgeschnitten-worden-Sein von Deutschland als einen fürchterlichen Verlust: daß mir eine deutsche Existenz verwehrt worden war, daß ich mir fast staatenlos vorkam.

In Amerika sprach ich zwar mit Albert darüber, aber zunächst auf einer theoretischen Ebene. Er war ein- oder zweimal zurück in Deutschland gewesen und wieder geflohen. Er hatte Kopfschmerzen bekommen, sobald das Flugzeug landete. Ich selbst hatte damals fast jeden Kontakt mit Deutschland verloren. Als wir uns dann in England niederließen, drängte ich ihn immer wieder, Deutschland zu besuchen. Denn einerseits meinte ich, er müsse sich mit der Vergangenheit direkt konfrontieren; andererseits steckte dahinter mein eigener Wunsch, Deutschland wiederzusehen. Eines Tages im Jahre 1967 befanden wir uns in der Schweiz und wollten über Holland nach England heimkehren. Auf meinen Vorschlag hin nahmen wir die Route über Deutschland. Doch nach kurzer Zeit konnte er es nicht länger ertragen, und wir beeilten uns, die holländische Grenze zu erreichen.

Dann bekam Albert immer mehr Einladungen nach Deutschland, von Leuten, die er auf Konferenzen getroffen hatte. Und im Zusammensein mit solchen interessierten, positiv eingestellten Menschen brauchte man kein schlechtes Gefühl mehr zu haben, in Deutschland zu sein. Trotzdem ist es bis heute ein traumatisches Erlebnis, sich im Auto oder vor allem mit der Eisenbahn der deutschen Grenze zu nähern. Ein deutscher Eisenbahnzug löst so viele Assoziationen aus. Alles ist so aufgeladen, nichts ist einfach, alles beschwört Bilder herauf. Alles rührt an die Schmerzgrenze. Und daß ich jedesmal froh bin, wenn ich an meinem deutschen Ziel endlich anlange, macht alles nur noch schlimmer. Man trifft Deutsche und ist fröhlich und glücklich, und plötzlich geschieht irgend etwas, das alles verdirbt. Es ist immer wieder dasselbe. Nur weiß man vorher nie, was der Blitzschlag aus heiterem Himmel sein wird.

Als ich 1994 in Herford war und ein befreundeter Archivar mir die Stadt zeigte, sah ich in einem Schaufenster das Schild „50 Jahre Ledergeschäft Soundso – 1938–1988". Fünfzig Jahre? Wurde das Geschäft 1938 gegründet oder arisiert? Diese Frage schoß mir sofort durch den Kopf. So kann die Geschichte durch ganz kleine oder banale Anlässe wieder aufgerührt werden. Jede Frage eines Deutschen, und sei sie noch so unverfänglich, kann eine derartige Kettenreaktion auslösen. Es macht aber einen Unterschied, wer der Deutsche ist und wieviel Vertrauen man zu ihm hat. Der eine fragt mich etwas, und ich antworte unbefangen; dieselbe Frage von einem anderen gestellt kann in mir betäubtes Schweigen auslösen. Nicht nur Deutsche tragen also eine Last mit sich herum, auch Juden. Alles in der Beziehung zwischen Deutschen und Juden ist anomal.

Ich wollte immer schon einmal nach Weimar. Für eine gelernte Musikerin wie mich ist es ein ganz besonderer Ort. Man kommt um Weimar nicht herum, ob man nun Musik oder Malerei oder Dichtung liebt. Mir gehört Weimar genauso, wie es den Bürgern von Weimar und den Deutschen gehört. 1990 fuhr ich hin. Doch man kann nicht nach Weimar fahren, ohne auch Buchenwald aufzusuchen. Es liegt ja vor der Stadt. Und als wir auf dem Weg dorthin waren, ging mir plötzlich auf, warum es so heißt: wir fuhren tatsächlich durch einen Buchenwald. Das erschreckte mich. Der Wald war wunderschön und sah völlig unschuldig aus. Was hat er getan, daß er auf ewig das Kainsmal trägt? Es gibt etwas, das ich Deutschland niemals vergeben kann, und das ist die Perversion, der Hölle himmlische Namen zu geben und an himmlischen Orten die Hölle zu errichten.

Bei unserem ersten Besuch in Buchenwald bin ich mit hineingegangen, aber beim zweiten Mal habe ich mich draußen hingesetzt und auf Alberts Rückkehr gewartet. Obwohl es mitten im Sommer war, stieg aus dem Schornstein der Jugendherberge sich kräuselnder Rauch auf. In Theresienstadt ging ich in eine Zelle, und es kam mir vor, als würde ich im Geiste schreien. Ich habe tatsächlich geschrien. Ich werde nie nach Auschwitz gehen. Als ich vom Bau des Holocaust-Museums in Washington erfuhr, habe ich mich gefragt, wie man sein ganzes Arbeitsleben mit diesen Dingen verbringen, sich tagein, tagaus in sie versenken kann. Ich würde davon geistig zerstört. Ich würde so etwas nicht überleben. Als Albert an seinem Buch „Out of the Whirlwind" arbeitete, haben wir die gesamte Holocaust-Literatur durchgeackert. Vieles davon war zweifellos äußerst informativ, aber wir sind davon krank geworden. Albert versank in einer akuten Depression.

In Dachau wird man auf der Einfallstraße von Schildern mit dem Spruch begrüßt: „Willkommen im schönen zwölfhundertjährigen Dachau". Man wird aufgefordert, das Schloß zu besuchen. Andere Schilder weisen auf die Dachauer Kunsthochschule hin. Meine Tochter Ariel hatte einen deutschen Bekannten, einen sehr netten jungen Mann. Doch er brauchte Ewigkeiten, bevor er erzählen konnte, daß er in Dachau geboren war. Nicht im KZ, in der Stadt Dachau. Es war ihm ungeheuer peinlich. Umgekehrt begegnet man aber auch oft (typisch?) deutscher Insensibilität. Zum Beispiel hat der Parkwächter beim ehemaligen KZ Dachau von Amts wegen einen Schäferhund dabei. Ich mag Hunde, auch Schäferhunde, aber nicht in Dachau. Zu allem Unglück ist Dachau auch noch eine Kreisstadt. Und man fährt und fährt durch den Landkreis, und überall begegnen einem Ortsschilder „Dachau – Ortsgemeinde soundso". Man kann ihm nicht entkommen. Mir ist unbegreiflich, wie die Deutschen auf die Idee kommen konnten, durch ihre Gebietsreformen den Namen Dachau auf alle Dörfer im Kreis zu übertragen. Eine Stadt dieses Namens ist genug.

Und so kann man nicht schmerzfrei durch Deutschland fahren. Ich tue es dennoch jahrein, jahraus. Als ob ich masochistisch wäre. Als ob ich mich bestrafen wollte. Nur weiß ich nicht, wofür. Täter und Opfer können voneinander nicht lassen. In der Rolle des Opfers zu sein, erzeugt Schuldgefühle. Es ist falsch, aber so ist es. Mich von Deutschland radikal abzunabeln, das habe ich nicht gekonnt. Es klingt so simpel, aber ich konnte einfach nicht weglaufen. Ich mußte und ich muß immer wieder hinfahren. Mich immer wieder damit konfrontieren. Ich meine nicht die Familienbesuche, als mein Onkel und meine Tante in Essen 70. Geburtstag feierten oder den 75. oder Goldene Hochzeit. Das war fast normal. Ich meine vielmehr die anderen Reisen, auf denen ich bewußt die Konfrontation suchte, auch mit mir selbst.

Eine Gelegenheit dazu gaben mir die Kirchentage: Ich war lange Zeit begeisterte Kirchentags-Besucherin. Ich pflegte bei allen Veranstaltungen der Arbeitsgemeinschaft „Juden und Christen auf dem Kirchentag" von Anfang bis Ende dabeizusein, und ich war mit Lust und Liebe dabei. Es waren die Menschen, die mich anzogen. Die Vorträge fand ich schwierig, da ich ja keine Theologin bin. Und dann auch noch all die Fachausdrücke auf Deutsch! Aber die Gespräche am Abend beim Wein waren jedesmal eine menschliche Offenbarung, sie wurden mir sehr wichtig. Ich hatte das Glück, gute Menschen zu treffen. Wie Helmut Gollwitzer, Eberhard und Renate Bethge, Dieter und Ursula Goldschmidt.

Ich werde oft gefragt, ob ich in den letzten Jahren in Deutschland auch unangenehme Menschen getroffen oder negative Begegnungen gehabt habe. Und ich muß gestehen: nicht ein einziges Mal. Die Konferenzen, die Kirchentage, das ist natürlich nicht das wahre, das ganze Deutschland. Das ist mir klar. Die Leute, die dort hinkommen, interessieren sich für jüdische Dinge, haben einen weiten Horizont, sind begierig, andere und neue Meinungen zu hören, andere Menschen kennenzulernen. Es ist eine Art Elfenbeinturm. Aber auch mein Leben hier in England findet in einer Enklave statt. Knightsbridge, wo ich wohne, ist nicht das wahre England. Es ist kein heruntergekommener Vorort mit all den ethnischen und sozialen Problemen und Neonazis wie etwa Brixton.

Trotzdem, ich bin ja auch durch das „wahre Deutschland" gefahren, durch die Dörfer Unterfrankens, und habe ganz gewöhnliche Menschen kennengelernt. Und auch hier muß ich sagen: ich habe nie eine unangenehme Begegnung gehabt. Nur einmal wurde mir die Tür ins Gesicht geschlagen, als ich mich nach der Synagoge erkundigte. Ansonsten bin ich durchweg auf Hilfsbereitschaft und Freundlichkeit gestoßen.

Ich weiß von einem Mann in einem Dorf, der kurz im Gefängnis saß, weil er seinerzeit den Chef der Münchner Jüdischen Gemeinde ermordet hatte. Heute sitzt er in seinem Schloß. Da gibt es das alte Deutschland, die Alt- und Neonazis. Aber ich suche nicht danach. Hier in England auch nicht. Ich suche mir und ich treffe fast immer sympathische Menschen. Ich bin nie auf eine Versammlung von Neonazis gegangen. Ich will davon eigentlich nichts wissen. Vor ein paar Jahren habe ich ganz ernsthaft mit dem Gedanken gespielt, nach Deutschland zu ziehen, mich dort fest niederzulassen, natürlich mit Albert. Die Meldungen über Überfälle von Neonazis machten mir klar, daß ich versucht hatte, meinen Kopf wie ein Vogel Strauß in den Sand zu stecken. Ich mußte mich dazu zwingen, die Realität so zu sehen, wie sie ist. Ich hatte dann das Gefühl, Deutschland würde mir ein zweites Mal weggenommen. Es wurde mir klar, wie schwierig es wäre, wenn ein prominenter Jude wie Albert nach Deutschland zöge. Es würde als bedeutsames politisches Signal aufgefaßt. Wäre es das Richtige? Ich weiß es nicht.

Albert ist jetzt ebenso gern in Deutschland wie ich. Er fühlt sich dort anerkannt und geschätzt. Er hat Erfolg, und das gefällt ihm. Wem gefiele das nicht? Es ist schön, wenn man gemocht und vielleicht sogar geliebt wird. Und das warme Willkommen ist nicht scheinheilig, das spürt man. Ich kenne genügend Philosemiten, die einem schmeicheln, und das ist sehr unangenehm und erstikkend. Diese Leute verhindern jede ehrliche Diskussion, weil sie kein einziges Wort zulassen, das vielleicht als Kritik an Juden oder an Israel verstanden werden könnte. Nicht, daß diese Leute primitiv wären. Ich denke da zum Beispiel an sehr distinguierte und hochgebildete Bekannte, die das Judentum und besonders den Staat Israel leidenschaftlich lieben. Sie würden alles für uns opfern. Aber sie sind blind. Und solche Leute meine ich nicht, wenn ich sage, daß Albert und ich gern in Deutschland sind. Ich spreche von Menschen, die sich wirklich und ehrlich freuen, wenn Albert kommt. Aber sich in Deutschland niederlassen? Für Albert wäre es schwer. Vielleicht würde er nachgeben, wenn ich wirklich wollte. Fast, als hätte mein Mann sich in Umkehrung aller patriarchalischer Tradition das Wort Ruths zu eigen gemacht: „Wo du hin gehst, da will ich auch hin gehen; wo du bleibst, da bleibe ich auch." (Ruth 1, 16)

Im Moment habe ich das Beste zweier Welten. Ich reise nach Deutschland, kann mir aussuchen, wen und was ich sehen will, und es lohnt sich, es ist ein Heilungsprozeß. Doch kann ich jederzeit wieder abreisen. Ich bin eine Besucherin, die gerne kommt, auch für längere Zeit. Doch wenn ich in Deutschland wohnen würde, müßte ich mich mit der unerfreulichen anderen Realität zwangsläufig auseinandersetzen, und ich weiß nicht, ob ich dazu schon bereit und fähig wäre.

Ich bin mit der Zeit in meinem Umgang mit Menschen sehr direkt geworden. Ich zögere nicht mehr, genau das zu sagen, was ich denke. Dies ermutigt meine deutschen Gesprächspartner. Sie sind daran nicht gewöhnt, es überrascht sie. Sie versichern mir, daß sie mich erfrischend finden, bisweilen so erfrischend wie ein reinigendes Gewitter, sagte jemand einmal. Ich spüre, wie erleichtert sie sind. Meine Offenheit befreit sie. Sie gibt ihnen die Möglichkeit, ihrerseits frank und frei zu sein. Ich duze Menschen auch fast von Anfang an. Das gibt einer Begegnung sofort eine bestimmte Intimität.

Für eine Engländerin, die ich ja immerhin auch bin, sind die Begegnungen trotzdem „unnormal", da sie stets eine extreme Intensität in sich tragen. Da gibt es sehr wenig *small talk*. Die üblichen Eingangsphrasen fallen weg. Bei einer deutsch-jüdischen Begegnung ist für *small talk* kein Platz, keine Zeit. Ein enger amerikanischer Freund, der große Psycho-Historiker Robert Jay Lifton, Autor des Buches *The Nazi Doctors*, hat es, als wir uns einmal darüber unterhielten, auf das Paradox zurückgeführt, daß eben zwischen Juden und Deutschen dieser Abgrund klafft: entweder man versucht ihn zu überspringen, oder man springt nicht. Wenn man aber springt, kann man nicht auf halbem Weg haltmachen.

Ich erinnere mich an eine Begebenheit in Würzburg, als dort die Genisa-Ausstellung eröffnet wurde. Meine Mutter war eigens aus England angereist und meine Tante aus Essen. Einer meiner alten Freunde, ein katholischer Theologe an der Universität, zeigte uns die Altstadt und die Festung, und meine beiden alten Damen fanden ihn hinreißend. Für ihn sprachen in ihren Augen nicht nur sein gutes Aussehen und seine Liebenswürdigkeit, sondern allein schon die Tatsache, daß auch er ursprünglich aus Essen stammte.

Später am Abend jedoch, nach dem Essen, kam für sie ein Schock aus heiterem Himmel. Die Sprache kam darauf, daß britische Kriegsveteranen in London gerade ein Denkmal für Sir Arthur Harris errichtet hatten, „Bomber Harris", den Planer und Kommandeur des Bombenkrieges gegen deutsche Städte. Für meine Mutter war Bomber Harris ein Held, und sie sagte ganz klipp und klar, daß ihrer Meinung nach die Deutschen damals jede, aber auch jede Bombe verdient hätten. Mein Freund erwiderte, daß Würzburg keinerlei strategische Bedeutung gehabt habe, daß es völlig sinnlos gewesen sei, die Stadt so kurz vor Kriegsende noch in Schutt und Asche zu legen, und daß Bomber Harris für ihn deshalb ein Kriegsverbrecher sei. Meiner Mutter fiel die Kinnlade herunter. Nach einer Pause des Schweigens versuchte sie schwächlich, ein paar Argumente dagegenzusetzen.

Sie muß wohl lange darüber nachgedacht haben, denn später im Hotel bekannte sie, daß dies das erste Mal gewesen sei, wo sie dem Argument der Gegenseite überhaupt zugehört habe. Sie kam nun nicht plötzlich zu der Überzeugung, daß „die Briten" tatsächlich Kriegsverbrechen begangen hätten, aber sie akzeptierte doch, daß auch die Deutschen gelitten hatten. Ich war verblüfft. Meine Mutter! Bei ihr hätte ich einen solchen Wandel im Denken nie für möglich gehalten. Zugleich fand ich es gut, daß jener Freund soviel Vertrauen zu uns und deshalb keine Angst hatte, seine Gedanken frei auszusprechen.

Nicht, daß es bei Gesprächen mit Deutschen immer und ewig um Krieg und Holocaust ginge, das wäre wohl nicht zum Aushalten. Der Holocaust steht meistens im Hintergrund, und das meine ich im doppelten Sinne: Er ist nicht das Thema, aber er ist da. Wenn junge Deutsche heute sagen: Ich habe mit dem Holocaust nichts zu tun, ich will nicht ständig damit konfrontiert werden, ich will nicht, daß er mir ständig unter die Nase gerieben wird, ich will die Dokumentarfilme im Fernsehen nicht mehr sehen, so denke ich, daß diese Einstellung verständlich ist. Aber sie übertreiben. Ich bin bestimmt nicht jemand, der ihnen den Holocaust ständig unter die Nase reiben will. Aber er gehört nun einmal zur deutschen Geschichte. Und man sollte seine Geschichte einigermaßen kennen. Sich damit zu beschäftigen bietet auch die Chance, sich selbst zu erkennen, sich zu ändern und ein besserer Mensch zu werden. Aber niemand sollte jungen Deutschen Schuld einreden. Man sollte ihnen nichts gewaltsam eintrichtern. In Deutschland hat man sich der Aufgabe wenigstens zu stellen versucht. Weniger in Österreich, so scheint mir, und das ist wohl der Grund, warum ich mich in Deutschland wohlfühle und in Österreich nicht.

Frankreich hat in dieser Hinsicht ebenfalls einige unerledigte Aufgaben zu bewältigen. De Gaulle konnte einfach so tun, als habe es eine Kollaboration nie gegeben, denn er hatte ja die Kriegsjahre in London verbracht, er sah sich selbst als die Verkörperung des französischen Widerstandsgeistes. Giscard d'Estaing und Pompidou, von denen nicht bekannt ist, daß sie im Widerstand waren, legten es darauf an, die Vergangenheit zu begraben und alte Wunden heilen zu lassen. Doch je mehr von der Wahrheit über die Kollaboration ans Licht kam, desto schwieriger wurde es, den Mythos aufrechtzuerhalten, alle Franzosen seien Résistance-Kämpfer gewesen. Mitterand brachte zwar einen Wandel, insofern er das Leiden der französischen Juden anerkannte, doch weigerte er sich, die Vichy-Regierung zu verurteilen. Erst Chirac brachte das 1995 über sich, und er spaltete damit das Land.

Und wie steht es mit Holland und seiner verdrängten Vergangenheit? Bis heute wehrt Holland sich halsstarrig, zuzugeben, daß es auch in seiner Geschichte trübe Kapitel gegeben hat. Wir sind so angerührt von Anne Franks Geschichte und vergessen darüber, daß es eine Holländerin war, die die Familie an die Deutschen verraten hat.

Polen ist in dieser Hinsicht noch schlimmer. Ich habe den Eindruck, daß Polen seinen Antisemitismus noch nie im Spiegel angeschaut hat und es auch niemals tun wird. Viele Juden, die aus den KZs kamen, wurden noch 1946 von Polen ermordet. Man hat ihnen aufgelauert, als sie in ihre Dörfer zurückkehrten. Ich kenne Juden, die sich in letzter Not nach England retten konnten und deren Gefährten ermordet wurden. Nach dem Krieg. Nach Auschwitz.

Man kann über den Film „Schindlers Liste" sagen, was man will – zumindest hat er bewiesen, daß man das Thema anders behandeln kann als es zerknirschte philosemitische Schullehrer tun. Ich selbst habe mir den Film nicht angesehen. Ich hatte das Buch gelesen. Aber ich kann diese Bilder nicht mehr ertragen. Ich wollte nicht, daß noch mehr solche Bilder meinen Kopf bevölkern. Ich bringe es nicht mehr fertig, in Jerusalem ins Holocaust-Museum *Yad Vashem* zu gehen. In meiner Stiftungsarbeit kann ich dem Holocaust zwar nicht ausweichen, er überschattet natürlich alles, aber zum Glück geht es dabei um eine frühere historische Periode, in der es viel Böses, aber auch viel Gutes gab.

Vor einiger Zeit hielt ich in Freudental einen Vortrag über Erinnerung und meine Einstellung zu Deutschland, der mir sehr schwer fiel. Anschließend kamen viele Menschen auf mich zu und drückten ihre Dankbarkeit dafür aus, daß ich aus meinem Herzen keine Mördergrube gemacht hatte. Ich bin wie eine wandelnde Gelegenheit für sie, offen und ausführlich und eingehend darüber zu sprechen, was sie im Verhältnis zur deutsch-jüdischen Vergangenheit empfinden. Auch sie haben ja, genauso wie ich, lange Zeit soviel verdrängt.

Meine Zuhörer fühlten sich so erleichtert, daß eine Jüdin zu ihnen kommt und Tacheles redet und bereit ist zu diskutieren. Die Deutschen treffen nicht viele Juden. Wer käme als ihr Gesprächspartner in Frage? So habe ich die Erfahrung gemacht, daß Deutsche sich mir unglaublich schnell öffnen. Ich weiß nicht, ob sie das auch sonst tun. Es fehlt ihnen etwas in ihrem Leben, wie auch mir etwas fehlt. Meine Mutter sprach mit mir nicht über das furchtbare Erbe, und meine Bekannten bis heute nicht. Niemand. Auch jüngere Menschen um die dreißig nicht. Die meisten englischen Juden würden sich furchtbar aufregen: „Das Interesse der Deutschen an dir kommt aus ihrem Schuldgefühl, die wollen nur Absolution", würden sie sagen. Doch das ist es nicht. Ich finde diese abweisende Einstellung zu billig. Ich bin vielleicht untypisch. Nicht viele denken so wie ich. Nicht viele fahren regelmäßig nach Deutschland und sind immer neu bereit, sich solchen schmerzhaften Begegnungen auszusetzen. Die Pein vergeht nicht, und ich erwarte es auch nicht. Vermutlich will ich es nicht einmal.

Allmählich bekomme ich jedoch das Gefühl, daß das, was ich mache, Früchte trägt. Es hat etwas Versöhnliches. Unlängst in Deutschland sagte mir ein Jude, ich solle nicht das Wort „Versöhnung" in den Mund nehmen. Ich habe lange darüber nachgedacht. Ich kann verstehen, warum er das sagte, aber ich kann ihm nicht zustimmen. Die Deutschen können von sich aus die Hand nicht ausstrecken, also müssen es Juden tun. Würden die Deutschen ihre Hand ausstrecken, so würde doch kein Jude einschlagen. Dabei darf es aber nicht bleiben, weil dann nie etwas geschehen würde. Natürlich sind wir Juden immer und automatisch auf der „Kommandohöhe" moralischer Überlegenheit. Manche Juden nutzen das leider schamlos aus. Ich finde, es ist wichtig, daß ich immer wieder nach Deutschland gehe und diese moralische Überlegenheit nicht ausnutze.

Oft habe ich mit deutschen Funktionären zu tun, sagen wir Funktionsträgern der Katholischen Kirche etwa oder irgendwelcher Ämter. Ich weigere mich, ihre bürokratischen Regeln zu erlernen. Manchmal tun mir die Deutschen leid, weil sie sich von Vorschriften so leicht beeindrucken lassen und sich diesen Regeln anpassen. Es ist der unangenehmste Zug an Deutschland, daß so viele Menschen der amtlichen Autorität gegenüber immer noch so gehorsam sind, in Hierarchien denken und die Grenzen ihres Standes oder der Rangfolge in Ämtern nicht überschreiten. Glücklicherweise habe ich als Ausländerin nichts damit zu tun. Wenn ich ein Ministerium aufsuche, gehe ich wie ein Elefant in einen Porzellanladen. Manche Leute habe ich damit vor den Kopf gestoßen. Aber ich gedenke nicht, nun die Regeln zu erlernen. Dafür ist mir die Zeit zu schade. Es würde mich auch völlig paralysieren. Früher habe ich mich darüber gegrämt, daß ich ein Außenseiter bin. Heute weiß ich, daß der Platz eines Außenseiters ein guter Platz ist.

Mir ist, wie gesagt, an Antisemitismus nicht viel begegnet. Ich erinnere mich eigentlich nur an einmal, als aus dem Munde eines deutschen Amtsträgers nach ein paar Gläsern zuviel, Äußerungen fielen, in denen vom „Judenpack" die Rede war.

Ich weiß natürlich nicht, bei wieviel anderen Leuten ebenfalls etwas Derartiges unter der Oberfläche lauert. Für den Fall, daß in Zukunft wieder einmal jemand in meiner Gegenwart antisemitische Tiraden von sich geben sollte, hoffe ich, daß ich mittlerweile den Mut hätte, aufzustehen und den Raum zu verlassen. Deshalb würde ich mich aber nicht einigeln wie viele Juden in Deutschland, die überhaupt keinem Deutschen mehr trauen. Ich habe einen ziemlich guten Instinkt dafür entwickelt, wem ich trauen kann. Und es ist ein Geben und Zurückgeben. Wenn ich von vornherein mein Zutrauen kategorisch verweigere, wird auch mir keines entgegengebracht werden.

Gegen die jüdischen Gemeinden in Deutschland empfinde ich leider eine starke Antipathie. Ich darf das. Als eine, die von außen hineinsieht, fällt mir vieles auf, was mich enttäuscht, und ich wünschte mir, es wäre anders. Zum Beispiel: Nach den langen Jahren der Vernichtung ist das liberale Judentum dabei, im Land seiner Entstehung, also in Deutschland, wieder Wurzeln zu schlagen. Das wird von den existierenden Einheitsgemeinden, die bekanntlich von den Orthodoxen dominiert werden, nicht gern gesehen. Sie bekämpfen jeden Wandel, aus Angst, ihr Monopol zu verlieren. Vielleicht fürchten sie auch, daß von der „Kirchensteuer" etwas für die Liberalen abgezweigt wird.

Unlängst wurde Bea Wyler als erste Frau in Deutschland in Oldenburg zum Rabbineramt berufen. Sogleich erhob der Zentralratsvorsitzende Ignatz Bubis die Stimme und sagte, die Einheitsgemeinden würden sie nie akzeptieren. Das finde ich traurig. Ich kenne eben die englischen und amerikanischen Verhältnisse, wo die Orthodoxie mit dem fortschrittlichen Judentum leben muß. Ignatz Bubis erkennt zwar das Recht jeder Gemeinde an, sich ihren eigenen Rabbiner zu wählen, doch zugleich sagt er: „Die Gemeinde müsse aber wissen, daß sie (Bea Wyler) von der Rabbinerkonferenz nicht als Mitglied akzeptiert wird" (F.A.Z. 28. Juli 1995). Er selbst beschreibt sich, und das ist sein gutes Recht, „als Jude(n), der in einer anderen Tradition großgeworden sei", und der „nicht an einem von Frau Wyler geleiteten Gottesdienst teilnehmen würde" (ebd.). Doch eine solche öffentliche Äußerung wird nicht als bloße Meinungsäußerung verstanden, sondern als Oberhaupt der Jüdischen Gemeinschaft in Deutschland übt Bubis damit zugleich auch Druck aus – eine mir unerträgliche politische Situation, die sich ändern sollte. Bubis' Gerechtigkeitssinn sollte ihn meiner

Meinung nach verpflichten, Rabbinerin Wylers Recht auf Mitgliedschaft in der Rabbinerversammlung zu unterstützen. Immerhin gibt es in der Versammlung auch liberale Rabbiner, die Frau Wyler als Rabbinerin anerkennen.

Der Vorsitzende des Verbandes der jüdischen Gemeinden Niedersachsens ermahnte die Oldenburger Gemeinde, daß sie „die jüdischen Traditionen nicht vergessen darf" (ebd.). Und der badische Rabbiner Soussan bewertete das weibliche Rabbinat als „Verstoß gegen unsere seit zweitausend Jahren gültigen Gesetze" (ebd.). Um seine Unkenntnis aufzuhellen, sollte er vielleicht die Arbeit lesen, die die Rabbinerin Regina Jonas 1939 „Über die Ordinierung der Frauen im Judentum" geschrieben hat. Regina Jonas wurde im Konzentrationslager Auschwitz umgebracht – vielleicht sollte man sich auch daran erinnern. Zunächst war sie in Theresienstadt, wo ihr Name in der Liste der deutschen Rabbiner im KZ verzeichnet war. Auch das sollte man nicht vergessen.

Selbst bei meiner eigenen Arbeit begegne ich diesen Vorurteilen unter deutschen Juden, die kaum einen Begriff von der liberalen Geschichte des deutschen Judentums haben und wie in einem geschlossenen Denkraum leben. Die Geschichte des Judentums in Deutschland ist vielen ein Buch mit sieben Siegeln, und sie machen sich auch nicht die Mühe, das zu ändern.

Zum Beispiel kommen zu den Genisa-Ausstellungen in Deutschland fast niemals Vertreter der jüdischen Gemeinde. Auch zu Alberts Vorträgen sind nur selten einige erschienen. Wenn dann Deutsche bei der Eröffnungsansprache betonen, wie gut das Verhältnis zur jüdischen Gemeinde ist, wieviel man gemeinsam auf die Beine stellt, dann fühle ich mich bemüßigt, in meiner Rede mein Bedauern darüber auszudrücken, daß von der Gemeinde niemand es für angebracht gehalten hat, zu erscheinen.

In Augsburg etwa wurde die Eröffnung der Ausstellung mit der Eröffnung der Woche der Brüderlichkeit zusammengelegt. Es war endlos, mit endlosen Ansprachen, und jeder Redner begrüßte auch die jüdische Gemeinde, von der doch niemand anwesend war, mit Ausnahme eines Mannes, der Synagogenverbot hatte. Er bestätigte mir, daß er der einzige anwesende Jude war. Es war im Goldenen Saal, Hunderte von Menschen waren da, und sie dachten wahrscheinlich, daß unter ihnen auch Juden seien. Albert hielt die Festrede, und ich reichte ihm unzählige Zettel aufs Rednerpult mit dem Satz: „Du mußt unbedingt darauf hinweisen, daß die jüdische Gemeinde durch Abwesenheit glänzt." Albert tat es in seiner typischen, für mein Empfinden zu milden Art und Weise. Als die Reihe an mir war, drückte ich meine Enttäuschung noch einmal ganz deutlich aus. Natürlich haben die Zeitungen das mit keinem Wort erwähnt, ein weiteres Beispiel für übertrieben deutsche Zurückhaltung Juden gegenüber.

Zu Beginn meiner Arbeit für die Rettung von Genisot habe ich mich oft an die jeweilige örtliche jüdische Gemeinde mit der Bitte um Hilfe gewandt. Zumeist war es nur die Bitte um historische Informationen. Doch niemand hat je auch nur einen Finger gerührt. Einmal sollte ich vor der jüdischen Gemeinde in Köln sprechen. Es war die am schlechtesten organisierte Veranstaltung, die ich je erlebt habe. Ich kam nach Köln und war noch nicht einmal informiert worden, wo und wann ich genau reden sollte. Verzweifelt rief ich ein paar Bekannte an. Schließlich kam ein Mitglied der Gemeinde und las mich auf. Vor meiner Rede fragte ich die Organisatoren, ob mich jemand vorstellen würde oder ob ich es selbst tun sollte. Ein Herr, der sich als Vorsitzender der Versammlung entpuppte, versicherte mir, er werde das übernehmen. Ich antwortete: „Aber wie können Sie mich vorstellen, wo Sie von mir doch gar nichts wissen? Nennen Sie einfach meinen Namen, und ich werde den Rest selber sagen." Er hatte es nicht einmal für nötig gehalten, mich vorher etwas auszufragen. Kein Interesse.

Verschiedentlich bin ich in Deutschland wegen meiner Stiftung öffentlich angegriffen worden – nicht von Deutschen, sondern von Juden. Einige haben per Fax Nachrichten verschickt, in denen mir üble Dinge nachgesagt wurden. Andere haben auf Konferenzen erklärt, ich beschäftigte mich „mit Müll". Einer sagte, die Stiftung sei eine Pseudo-Stiftung oder eine „sogenannte Stiftung", ohne wissenschaftliche Meriten und Anerkennung. Ob das Neid ist? Wieder ein anderer, der selber viel geforscht und übrigens gute Beziehungen zu Politikern hat, hat in Baden-Württemberg zahlreiche Initiativen zur Rettung von Friedhöfen und Synagogen zunichtegemacht.

Abgesehen von solchen Dingen gefällt mir aber auch die generelle Mentalität der meisten heutigen Juden in Deutschland nicht. Natürlich gibt es jetzt jüngere, die anders denken. Doch die älteren waren zumindest bis vor ein paar Jahren von Schuldgefühlen darüber zermartert, daß sie in Deutschland lebten. Sie saßen da wie auf gepackten Koffern, denn sie machten sich vor, sie würden das Land in nächster Zeit in Richtung Israel oder Amerika verlassen. Manche haben tatsächlich versucht, in Israel Fuß zu fassen, und es wurde ein Desaster. Es ist eben nicht einfach für einen Mitteleuropäer, in einem nahöstlichen Land zu leben.

Nach dem Krieg hatten diese Leute aus irgendwelchen Gründen, vielleicht der Sprache wegen, keine andere Chance gesehen, als in Deutschland zu bleiben bzw. nach Deutschland zurückzukehren. Ich versuche immer, ihnen klarzumachen, daß sie in Deutschland mit Deutschen in einer Harmonie, wenn auch nicht Symbiose, leben können. Sie machen sich selber das Leben schwer. Wenn man in Frankfurt das Gemeindehaus besucht, wird man als erstes auf das Panzerglas hingewiesen und wieviel es gekostet hat. Natürlich ist es skandalös, daß Juden sich hinter Panzerglas versammeln müssen. Aber man kann sein Leben doch nicht mit einer durchgängig negativen Einstellung belasten.

Auf der anderen Seite wiederum halten sie ihre Köpfe gesenkt und wollen um Gotteswillen nicht, daß jemand das bestehende prekäre Gleichgewicht stört. „Laßt uns so unauffällig sein wie nur möglich, bloß niemandem einen Vorwand geben, uns in schlechtes Licht zu tauchen, die warten ja nur drauf, uns zu prügeln" – das ist bei vielen die Grundeinstellung. Auch das ist nicht normal. Es ist übersteigerte Paranoia. Zum Glück ändert sich das langsam. Die nächste Generation wird sich nicht mehr so quälen.

Natürlich gibt es Gründe für die Paranoia. Als paranoid diagostiziert zu werden, heißt ja nicht, daß es nicht tatsächlich Bedrohungen gäbe, die die Paranoia rechtfertigen. Jede Minderheit fühlt sich bedroht. Heutzutage bin ich als Jüdin weniger gefährdet als, sagen wir, ein Schwarzer. Ich bin in der Schußlinie etwas weiter nach hinten gerückt. Das bedeutet aber nicht, daß ich mich mit dieser generellen Gefährdung abfinden würde, nur weil ich nicht als erste drankomme. Niemand sollte Angst haben müssen, egal, welcher Minderheit er angehört.

Fühle ich mich auf den Straßen Berlins stärker bedroht als in London? Ich erinnere mich an eine Begebenheit in Berlin, als ich mit Albert an einem naßkalten dunklen Abend eine Straße hinunterging und wir plötzlich eine Gruppe von Halbstarken auf uns zukommen sahen. Sie traktierten sich gegenseitig mit Karate-Schlägen und Karate-Tritten und stanken fürchterlich nach Alkohol. In New York hätte ich sofort die Straßenseite gewechselt oder wäre vor Angst gestorben. In Berlin gingen wir gemächlich weiter, und ich hatte keinerlei Angstgefühle. Mein Eindruck war, daß sie genügend mit sich selbst beschäftigt waren und an anderen Passanten kein Interesse hatten. Ich weiß gar nicht, was ich in einer ähnlichen Situation in London gemacht hätte. Vielleicht hätte ich, wie in New York, die Straßenseite gewechselt. In London bin ich ängstlicher. Dort bin ich *streetwise,* kenne mich aus, vielleicht war ich in Berlin einfach naiv, weil es eine fremde Stadt ist, vielleicht hätte ich vorsichtiger sein sollen.

Das Verhältnis zu Deutschland bleibt besonders. Was gibt mir Deutschland außer meinen und seinen Schuldgefühlen? Zugleich die Befreiung davon. Man muß den Stier bei den Hörnern packen. Es ist ein psychotherapeutischer Gemeinplatz, aber es stimmt: Man muß sich dem Problem stellen, sonst kann man nicht vorwärts gehen. Ich will nicht den Rest meines Lebens in Holocaust-Gedanken eingesperrt sein. Zu viele Juden bleiben in ihnen stecken und werden sich nie befreien. Für sie werden Deutschland und Holocaust immer Synonyme bleiben. Sie werden nie auch nur einen Schritt vorwärtskommen. Man muß die bösen Geister vertreiben. Und dazu muß man an den Ort des Verbrechens zurückkehren. Man darf sich nicht einschüchtern lassen. Früher habe ich jedesmal hastig das Thema gewechselt, wenn ich den Eindruck hatte, die Rede würde auf den Holocaust kommen. Heute tue ich das nicht mehr. Und es lohnt sich.

Ich habe in Deutschland auch wunderbare Freunde gefunden. Ich schätze ihre Hilfsbereitschaft. Es kommt mir wie ein Privileg vor, solche Freunde zu haben, und ich bin sehr dankbar dafür. Meine deutschen Freunde sind mir sehr, sehr wichtig. Ich habe, wie gesagt, das Glück, immer die besten zu treffen, die Deutschland zu bieten hat. Und irgendwann wird es irrelevant, daß sie Deutsche sind.

Und wenn man mich fragt, welches Ziel dieses Vorwärtsgehen denn ansteuert, kann ich nicht einmal eine klare Antwort geben. Vermutlich so etwas wie Normalität. Daß man sich von gleich zu gleich begegnen kann. Daß die Begegnung nicht mehr zwangsläufig vor dem Hintergrund des Holocaust geschieht. Ich meine damit nicht ein Vergessen dessen, was geschehen ist. Zuviele junge Leute in Deutschland und anderswo wachsen in Ignoranz auf. Ich meine eine Normalität, bei der es keine Rolle mehr spielt, welcher Religion man angehört, bei der die Religion eines Menschen ein ganz normales, interessantes Gesprächsthema wird. Ich weiß, daß ich selbst das gelobte Land nicht mehr erreichen werde. Unsere Generation ist vom Holocaust noch nicht weit genug entfernt. Aber man muß sich aufmachen. Der nächsten oder übernächsten Generation wird eine solche Normalität hoffentlich möglich sein.

Und so frage ich mich selbst immer wieder: Wie kommt es, daß ich trotzdem schon jetzt aus jedem Deutschland-Besuch soviel Freude ziehe? Heutzutage fällt es mir leichter, eine „Entschuldigung" dafür zu finden, da ich jetzt ein Projekt in Deutschland und damit einen guten Grund für Besuche habe. Zwar hat noch niemand gemerkt, daß meine Arbeit für die Zukunft segensreich ist, aber ich selber rede es mir zumindest ein. Zumindest wird sie einigen jungen Leute die Gelegenheit geben, eine Doktorarbeit darüber zu schreiben. Und so habe ich überhaupt keine Schuldgefühle mehr, wenn ich nach Deutschland fahre. Ich fühle mich nützlich. Ohne

Deutschland wäre ich eine ganz gewöhnliche, langweilige Person. Vielleicht bin ich das auch, aber wenigstens habe ich eine faszinierende Aufgabe. Ich habe das Gefühl, daß ich etwas Positives, etwas der Zukunft Zugewandtes tue, daß ich mit meiner Arbeit und der Ausstellung Menschen nachdenklich machen kann, und wenn es nur ein einziger Mensch ist. Das macht mich glücklich. Es macht Sinn. Deutschland hat mir, so seltsam es klingt, ein neues Leben geschenkt.

Epilog

Das berühmte Buch von André Schwarz-Bart „Der Letzte der Gerechten", baut auf einer alten jüdischen Legende von den 36 Zaddikim oder Gerechten auf. Auf ihnen ruht das Schicksal der Welt. Im Prolog des vorliegenden Buches erwähnte ich die Geschichte Abrahams, der für die Stadt Sodom betete; auch Schwarz-Barts Legende bezieht sich auf Abrahams Argument: solange 36 Gerechte in der Welt leben, wird Gott die Welt nicht zerstören.

Daß gerechte Menschen die Welt am Leben erhalten, muß auch heute stimmen – die Welt kann doch nicht ohne Gerechtigkeit existieren. Und das muß auch für ein Land gelten.

Fast jeden Monat bin ich in Deutschland, arbeite an meinen Projekten und finde Freunde, an die ich glauben kann. Dennoch muß ich mich fragen, wie dieses Land in der Nazi-Zeit bestehen konnte. Gab es wirklich damals 36 Gerechte? Die große Mehrzahl waren doch diejenigen, die nichts sagten, die apathisch zuschauten, wie meine Familie deportiert, verschleppt und getötet wurde.

Doch langsam, über die Jahre sammelte ich mir Gerechte jener Zeit. Menschen des Widerstandes zum Beispiel. In Yad Vashem, in Jerusalem, gibt es die Straße der Gerechten, die geehrt werden. Aber ich muß meine eigenen 36 Gerechten finden, um überzeugt zu werden. Und ich gestehe: ich bin noch immer auf der Suche.

Trotzdem: ich muß doch hoffen. Und das bringt mich immer wieder nach Deutschland zurück.

Dank

Die Anregung zu diesem Buch stammt von Karin und Rudolf Walter, die mich in der Arbeit daran auf unglaubliche Weise unterstützten. Sie gaben mir stets von neuem Mut, mein Verhältnis mit Deutschland zu verstehen. Ihnen verdanke ich die Gelegenheit, meine eigenen Gedanken völlig ehrlich auszusprechen – für die Fehler, die mir dabei unterlaufen sind, sind sie nicht verantwortlich.

Meiner Familie, besonders meinem Mann Albert, möchte ich für ihre ständige Hilfsbereitschaft meinen Dank und meine Liebe aussprechen.

Fast unmöglich ist es, meinen Dank an Eckhard Berkenbusch in Worte zu fassen. Ohne Eckhard hätte ich dieses Buch nie schreiben können. Monatelang saß er mit mir zusammen, übersetzte den Text aus dem Englischen, korrigierte meine vielen Fehler, gestaltete die Kapitel und fragte mich über meine Jugend und spätere Erlebnisse aus. Er zwang mich, absolut ehrlich zu sein – was zum Teil sehr schwer war. Es mag wohl meine Geschichte sein, die hier erzählt wird, aber es ist auch in gewissem Sinne sein Buch.

London, im Oktober 1995 *Evelyn Friedlander*